Beltz Taschenbuch 822

Über dieses Buch:

Irgendwann ereilt es jede Tochter, jeden Sohn: Die alten Eltern können ihr Leben nicht mehr alleine meistern, sie benötigen Unterstützung und Pflege. Ein Rollenwechsel vollzieht sich, der nicht einfach zu bewältigen ist. Anfangs kaum spürbar, ist einmal der Punkt erreicht, an dem den »Kindern« klar wird: jetzt sind wir gefordert, müssen wir die Verantwortung für unsere Eltern übernehmen.

Die Autorin schildert die psychischen Belastungen, die dieser Rollenwechsel mit sich bringt, einfühlsam, offen und unsentimental. Sie ermutigt die Leser, sich offen mit dem Alterungsprozeß der Eltern auseinanderzusetzen und ihn auch zum Gesprächsthema zu machen, damit Eltern und Kinder die neue Rolle bewußt und aktiv übernehmen können, ohne Mißverständnisse oder Schuldgefühle. Auch ganz konkrete, praktische Probleme wie etwa die Wohnsituation, das Finanzmanagement, oder die Notwendigkeit professioneller Pflege werden ausführlich behandelt. Neben rechtlichen und organisatorischen Hinweisen werden bei diesen Sachfragen die psychischen Aspekte mitberücksichtigt.

Im Anhang finden sich Adressen von Institutionen und Organisationen, bei denen man sich Rat und Hilfe holen kann.

Ein wichtiger Ratgeber für erwachsene Kinder, die ihren Eltern das Altern erleichtern wollen ohne ihr eigenes Leben aufzugeben.

Die Autorin:

Dr. Helga Käsler-Heide, Diplom-Psychologin, war lange Jahre stellvertretende Leiterin der Kontakt- und Informationsstelle für Selbsthilfe-Gruppen (KISS) in Hamburg. Schwerpunkte ihrer Arbeit sind die Themenbereiche Altern und Trauern, mit denen sie sich auch in ihren zahlreichen Veröffentlichungen und Fortbildungsseminaren beschäftigt. Heute ist Helga Käsler-Heide in eigener Praxis tätig.

Helga Käsler-Heide

Wenn die Eltern älter werden

Ein Ratgeber für erwachsene Kinder

Besuchen Sie uns im Internet:
www.Beltz.de

Beltz Taschenbuch 822

© 2000 Beltz Verlag, Weinheim und Basel
Das Werk erschien zuerst 1998 im Campus Verlag, Frankfurt
Umschlaggestaltung: Federico Luci, Köln
Umschlagabbildung: © The Image Bank, Frankfurt
Satz: Fotosatz L. Huhn, Maintal-Bischofsheim
Druck und Bindung: Druckhaus Beltz, Hemsbach
Printed in Germany

ISBN 3 407 22822 8

Inhalt

Einleitung 9

1. Die Eltern werden älter 17

Der Beginn eines Rollenwechsels 18
Generationenvertrag privat 25
Wer ist eigentlich verantwortlich? 36
Konkrete Hinweise: Was tun? Welche Unterstützung
gibt es? 40

2. Wenn die Selbständigkeit verloren geht 50

Wo sollen die Eltern in Zukunft wohnen? 51
Übernahme des Finanzmanagements ohne zu
entmündigen 65
Wenn man die Verantwortung alleine tragen muß.
Die Einzelkindsituation 68
Geteilte Verantwortung unter Geschwistern? 74
Konkrete Hinweise: Was tun? Wer hilft wie? 81

3. Die Eltern werden pflegebedürftig 90

Neue Anforderungen 92
»Wie bei einem Kind«: Extreme Intimität – extremer
Rollenwechsel 97
Die Welt der Gefühle 102
Wo bleibt das eigene Leben? 111
Wenn die Partnerschaft leidet 119
Konkrete Hinweise: Welche Hilfe von außen gibt es? . 127

4. Die Pflegeversicherung 137

Ansprüche geltend machen: Wie funktioniert das? . . 137
Was kann die Pflegeversicherung bieten? 141
Die professionellen Pflegedienste 147
Versicherungsleistungen für Pflegende 150
Tücken der Pflegeversicherung 151

5. Die Erwartungen des gesellschaftlichen
Umfeldes 153

Die Last auf den Schultern der Frauen 154
Familie und Nachbarn als kontrollierende Instanzen . . 159

6. Die Gefühle der Eltern 166

Plötzlich geht es nicht mehr so wie früher 166
Schleichende Einsamkeit 168
Körperlicher Abbau 171
Scham und Wut 173

7. Zwischen Verantwortungsübernahme und
Selbstaufgabe 176

Im Auftrag der Eltern. Pflege als reine Pflicht 177
Wenn es einfach nicht mehr geht. Abbruch der Pflege . 182
Was kann ich für mich tun? 188

Anhang 202

Adressen 202

Literatur 210

Dank

An erster Stelle möchte ich meinem Mann für seine vielen inhaltlichen Anregungen, die moralische Unterstützung und für seine große Geduld danken. Herr Peter Klug war mir mit seinen redaktionellen Fähigkeiten sehr behilflich. Außerdem danke ich Frau Britta Kroker vom Campus Verlag für die freundliche Zusammenarbeit.

Ich möchte an dieser Stelle auch allen danken, die sich zu Interviews bereit erklärt haben, meiner Freundin Evi Grundner, Angelika Schnabel-Unger, Hannes Bleek, Monika Liske, Annerose Jetter und Pfarrer Jörg Mutschler, außerdem all meinen Klienten, die an dieser Stelle nicht namentlich genannt werden wollen. Aus diesen Gründen werden alle Zitate in diesem Buch anonym behandelt.

Ich möchte allen danken für ihre Offenheit, andere an ihrem Leben teilhaben zu lassen.

Einleitung

Eltern. Eltern sind größer, stärker, können alles und wissen alles. Sie beschützen uns und sorgen für uns. Über Jahre leben wir in diesem Bewußtsein. Dann kommen die ersten langsamen, kaum spürbaren Veränderungen. Wir häufen Wissen an und merken zum ersten Mal, daß es Bereiche gibt, in denen wir unseren Eltern mit der Zeit überlegen sind. Unser Rollenverhältnis ändert sich.

Erwachsenwerden bedeutet eine allmähliche Distanzierung von den Eltern, ein Herauslösen aus der kindlichen Abhängigkeit und ein Hineinwachsen in die Eigenständigkeit. Von der Kindrolle wechselt man ganz allmählich in die Stellung von Gleichberechtigten. Die Unterhaltungen, der Austausch zwischen den Generationen findet auf einem ähnlichen Niveau statt. Diese Ebene zu erreichen und zu akzeptieren ist für viele Menschen – sowohl für die ältere wie für die jüngere Generation – schwer genug. Um so schwieriger wird die Situation, wenn sich die ersten Gebrechen der Eltern zeigen, wenn zum ersten Mal ein erneuter Rollenwechsel ansteht, das gleichberechtigte Nebeneinander allmählich in eine mögliche Fürsorge für die Eltern übergeht.

Verunsicherung macht sich breit: Soll ich die Eltern auf die Einschränkungen ansprechen, oder soll ich den Zustand ignorieren? In den meisten Fällen werden diese Veränderungen aus Scheu vor einer Konfrontation mit unangenehmen Situationen beiseite geschoben. Manchmal entstehen daraus große Mißverständnisse, die durch eine offene Aussprache hätten vermieden werden können.

Wenn Eltern bestimmte Dinge nicht mehr selbständig erledigen können, wenn ein Ignorieren dieses Zustandes nicht mehr möglich ist, stehen neue Überlegungen an. Was geschieht mit den Eltern bzw. der Mutter oder dem Vater? Können wir sie bei uns zu Hause aufnehmen oder ist es das Beste, ein Altersheim in Erwägung zu ziehen?

Eine derartige Entscheidung für und mit den Eltern zu treffen, ist für die meisten Menschen mit extrem unangenehmen Gefühlen verbunden. Neben plötzlich anfallenden organisatorischen Problemen ist die emotionale Auseinandersetzung mit dieser Entscheidung extrem belastend. Gleichgültig welche Form nun gewählt wurde, bringt die zunehmende Übernahme der Verantwortung für die Eltern häufig auch die Übernahme des Finanzmanagements mit sich. Für viele kommt dieser Schritt einer Entmündigung der Eltern gleich, ein Schritt, der weitere psychische Probleme wie Unsicherheit und Schuldgefühle erzeugen kann.

Von der Bestimmung des weiteren Wohnorts der Eltern ist – wie bei kaum einem anderen Entschluß – die gesamte Familie betroffen. Häufig brechen alte Geschwisterkonflikte wieder auf, die nicht immer konstruktiv ausgetragen werden. Aber auch Einzelkinder haben es nicht leicht. Wieder einmal liegt alle Verantwortung bei ihnen, müssen sie alle Entscheidungen alleine treffen. Bereits in dieser Situation ist es wichtig, über potentielle Unterstützungsinstrumente Bescheid zu wissen und darüber informiert zu sein, durch welche Hilfestellungen man sich das Leben erleichtern kann.

Besonders kritisch wird der Zustand, wenn die Eltern pflegebedürftig werden und/oder mental nicht mehr in vollem Umfang zu erreichen sind. Aus der ehemaligen Kindrolle, der Rolle des Versorgt- und Behütetwerdens, wird ganz allmählich die Rolle der umfassenden Versorger und Betreuer. Durch die Übernahme der Pflege gewinnt die Beziehung zu den Eltern eine neue Intimität, die manche Menschen mit großer Selbstverständlichkeit aufnehmen können, die andere hingegen völlig überfordert.

Gerade diese Überforderung führt häufig zu einem großen

Gefühlschaos, das sich zwischen Aggressionen und Schuldgefühlen bewegen kann. Die meisten Pflegenden bleiben mit diesen Gefühlen allein. Die ständige Anspannung und der Mangel an Ausgleich führen häufig zu einem Verlust an Lebensfreude. Viele Menschen sind derart in ihrem Alltag zwischen Pflege des Elternteils, Beruf und Familie eingespannt, daß sie kaum wahrnehmen, wie wenig sie noch ihr eigenes Leben leben. Ein Teufelskreis beginnt.

Für viele pflegende Angehörige ist es äußerst belastend, diesen anstrengenden Zustand über einen längeren Zeitraum durchzuhalten. Das Ausmaß der Belastung wird durch einen Bericht der Bundesregierung zu Fragen der Pflegebedürftigkeit deutlich, aus dem hervorgeht, daß 37 Prozent aller Pflegenden durch die Betreuung Schäden an der eigenen Gesundheit erleiden.

Trotz vielfältiger gesellschaftlicher Veränderungen fühlen vor allem Frauen sich für die Pflege der Eltern verantwortlich. Die eigenen Ansprüche werden zurückgestellt. Daraus resultiert häufig ein Verlust an Lebensfreude, und in den meisten Fällen leidet auch die Partnerschaft. Der regelmäßige Austausch zwischen den Partnern schleicht sich oft klammheimlich aus dem Alltag. Beide Teile fangen an, vor sich hinzuleben, ohne von den Sorgen und Nöten des anderen Notiz zu nehmen.

In den einzelnen Stadien der zunehmenden Hilfsbedürftigkeit der Eltern brauchen die Angehörigen unterschiedliche Unterstützungsangebote. Durch die zunehmende Mobilität wohnen mittlerweile viele Kinder weit entfernt von ihren Eltern. Direkte Hilfe ist somit oft nicht möglich, und bei vielen wächst aufgrund eines schlechten Gewissens die Unsicherheit im Umgang mit den Eltern. Die Sorge, sie mit ihren Problemen im Stich zu lassen, kann sich verstärken. Aber manchmal mangelt es auch einfach an Wissen über die zahlreichen Hilfsmöglichkeiten, die inzwischen durch private oder staatliche Organisationen angeboten werden. Denn es gibt Unterstützungsformen für den Alltag, aber auch technische Hilfsmittel, die viele Handgriffe erleichtern.

In der BRD gibt es ca. 1,7 Millionen ständig pflegebedürftige Menschen, 1,2 Millionen von ihnen sind über 60 Jahre alt.

Mehr als 85 Prozent der Pflegebedürftigen werden von ihren Angehörigen gepflegt. Trotzdem ist – nicht zuletzt durch die sich verändernden gesellschaftlichen Bedingungen – staatliche Hilfe in den meisten Fällen unumgänglich geworden.

Durch das neue Pflegegesetz, das am 1. Januar 1995 in Kraft getreten ist, ist die Aufnahme der Eltern im eigenen Haus für viele Familien wieder denk- und durchführbar. Aufgrund gesellschaftlicher Veränderungen und dem Wandel der Frauenrolle bekam die Verpflichtung der älteren Frauengeneration, für die Pflege ihrer Eltern aufzukommen, einen anderen Stellenwert. Die Selbstverständlichkeit der alten Rollenmuster ist verloren gegangen, aber die Frauen müssen sich noch in ihrer neuen Definition finden, um nicht einer permanenten Mehrfachbelastung zu unterliegen. Durch das neue Pflegegesetz wird eine Vielzahl von Unterstützungsmöglichkeiten angeboten, bei denen es sich lohnt, Bescheid zu wissen.

Trotz vielfältiger gesellschaftlicher Veränderungen erschweren die Erwartungen des sozialen Umfeldes auch heute noch die eigenen Entscheidungen. Der gesellschaftliche Druck ist nach wie vor groß. Unabhängig davon, ob die Eltern im Altersheim oder zu Hause leben, ist vor allem in ländlichen Gemeinden sehr viel Durchhaltevermögen vonnöten, den Erwartungen der Nachbarn, aber auch denen der Familienangehörigen standzuhalten. Diese unablässige Kontrolle ist für viele Menschen eine Tortur.

Aber nicht nur für die Angehörigen ist diese Lebensphase eine starke Belastung. Die Eltern erleben in Fällen körperlichen Abbaus ihre eigene zunehmende Abhängigkeit von den Kindern bewußt mit. Obwohl in den meisten Fällen die Eltern – wie ihre Kinder – langsam in diese neue Rolle des Versorgtwerdens bzw. Versorgens hineinwachsen, erleben doch viele diese Abhängigkeit als große Kränkung. Beispielsweise hat sich ein Großteil der heutigen Generation der 70- bis 100jährigen niemals unbekleidet vor ihren Kinder gezeigt. Vor allem für diese Generation ist es äußerst schwierig, plötzlich nackt und hilflos gesehen zu werden und in so vielfältiger Weise von den Kindern abhängig zu sein.

Die meisten alten Menschen sind in der Lage, die Anfangsstadien ihres mentalen Abbaus zu registrieren. Sie sind von großer Verzweiflung und Scham geplagt, die sich oft zunächst in Aggression gegen die eigenen Kinder umkehrt. Manchmal – vor allem bei der Alzheimer-Krankheit – reduzieren sich diese Aggressionen mit zunehmendem mentalen Abbau, doch in einigen Fällen bleiben sie konstant erhalten.

Trotz des Schwierigkeitsgrads dieser Aufgabe und den vielen impliziten Problemen fühlt sich ein großer Teil der Kinder automatisch dazu verpflichtet, sich der Eltern durch die direkte Pflege anzunehmen. Sie spüren den unausgesprochenen Auftrag der Eltern an ihre Kinder, auf ganz selbstverständliche Art und Weise die Fürsorge zu übernehmen. Wenn die Pflege die Grenzen der eigenen Belastbarkeit dann doch überschreitet und es nicht mehr möglich ist, die Pflegesituation aufrechtzuerhalten, erleben viele Angehörige dies als ihr persönliches Scheitern. Das hängt unmittelbar mit dem hohen Erwartungsdruck an sich selbst zusammen, der oft der eigenen Person keinen Spielraum läßt.

Durch die vielfältigen sozialen Veränderungen ist eine starke Verunsicherung in der Bevölkerung eingetreten, die eine große Sprachlosigkeit auf seiten der Angehörigen wie auch auf seiten der Umwelt nach sich zog. Ein beträchtlicher Teil der pflegenden Angehörigen fühlt sich unter anderem auch in der Frage verunsichert, wie weit Außenstehende mit diesem Problem belastbar sind und wie weit Freunde und Bekannte überhaupt verstehen können, in welcher Lebenswelt sich pflegende Menschen befinden.

Die Sprachlosigkeit bzw. die Angst davor, andere zu kränken oder auch gekränkt zu werden, zeigt sich genauso in unserem Umfeld. Das Thema Pflege wird gerne tabuisiert und ist trotzdem ein Thema, das alle in irgendeiner Weise betrifft. Gerade deshalb ist die Sprachlosigkeit so bemerkenswert und so auffallend.

Über viele Jahre habe ich Selbsthilfegruppen pflegender Angehöriger begleitet. Durch diese Erfahrung, aber auch durch meine Arbeit als Psychotherapeutin weiß ich um die Verzweiflung der Angehörigen über ihre Lebenssituation. Zu der ständigen Anstrengung kommt noch erschwerend die Einsamkeit bzw. das Gefühl, von aller Welt im Stich gelassen zu werden. Durch dieses Buch möchte ich versuchen, mit Ihnen viele Erfahrungen aus meiner Praxis zu teilen, durch die Sie sich vielleicht angesprochen und verstanden fühlen. Und ich möchte Ihnen vermitteln, daß diese vielen unterschiedlichen Gefühle, die verwirrend und manchmal beschämend erscheinen, doch so »normal« sind.

Mit diesem Buch möchte ich nicht nur Angehörige erreichen, sondern auch dazu beitragen, daß Pflegende und Gepflegte, Eltern, Kinder, Nachbarn und Freunde wieder ins Gespräch miteinander kommen, so daß auch die Umwelt mehr Mut fassen kann, sich mit der Problematik zu beschäftigen und eigene Beiträge zu leisten. Einige konkrete Initiativen für individuelle Pflegearrangements – meist auf ehrenamtlicher Basis – sind bereits ins Leben gerufen worden. Deren weitere Verbreitung ist dringend vonnöten.

Viele Menschen erlauben sich während der Zeit des Pflegens kaum, sich selbst etwas Gutes zu tun. Durch diese Selbstaufgabe wird in den meisten Fällen die Situation verschlimmert, weil die eigenen Grenzen schneller erreicht werden. Gerade in Zeiten erhöhter Belastung ist die Gefahr der Vereinsamung extrem groß. Viele pflegende Angehörige ziehen sich stark zurück. Bevor wirklich der Schritt nach außen getan wird, kann es vielleicht ein wenig helfen, durch die Erfahrungsberichte anderer und durch gedankliche Auseinandersetzung mit der Thematik wieder ein wenig Mut zu schöpfen.

Selbsthilfegruppen können ebenfalls einen Ausgleich und eine Unterstützung in dem mühsamen Alltag bieten. Dieses Buch will deshalb auch ermutigen, an Selbsthilfegruppen für pflegende Angehörige teilzunehmen oder solche zu gründen. Derartige Zweckgemeinschaften können ein sehr wichtiges Gefühl vermitteln, nämlich das Gefühl: »Ich bin nicht allein!« Ein regelmäßiger Austausch mit anderen Pflegenden kann eine große Hilfe sein, um den Alltagsstreß abzubauen, um sich entspannen und auch mal wieder lachen zu können.

Dieses Buch plädiert nicht für oder gegen die Übernahme der Pflege der Eltern. Ziel ist vielmehr, helfend zur Seite zu stehen und ein wenig zur individuellen Klärung der einzelnen Schritte beizutragen. Es soll sowohl den eigenen Handlungen als auch der Auseinandersetzung mit den eigenen, oft zwiespältigen Gefühlen dienen. Vielleicht können einige Leserinnen und Leser auch »nur« feststellen, daß die Entscheidung, die sie getroffen haben, genau die richtige war. Gerade diese Erkenntnis kann sehr erleichternd sein.

1.

Die Eltern werden älter

Die Veränderung der starken Eltern zu den Eltern mit ersten Gebrechen ist in den meisten Fällen kaum wahrnehmbar. Ein genaues Datum, ab wann die Veränderung beginnt, ist – von Unfällen und Krankheiten abgesehen – kaum festzustellen. Und doch ist sie eines Tages spürbar, auch wenn es eine Weile braucht, bis wir uns eingestehen können, daß die Eltern sich verändern, daß nun eine neue Beziehungsphase, ein neuer Lebensabschnitt beginnt.

Wir »Kinder« sind längst nicht mehr Kinder und häufig schon einige Jahre der »Sandwich-Generation« zugehörig. Doch auch wenn wir selbst inzwischen Eltern sind, so bleiben wir doch, solange unsere Eltern leben, auch Kinder. Und dies nicht nur aufgrund unseres Verwandtschaftsgrades. Viele kennen das Phänomen, daß man sehr schnell wieder in die altgewohnte Kind-Rolle fallen kann, nur weil der Vater genau den gleichen strafenden Blick aufsetzt wie vor 40 Jahren. Und doch hat sich in unserem Verhältnis bereits vieles verändert, und weitere Veränderungen stehen an, denn die Regeln aus den Kindheitstagen sind längst nicht mehr gültig.

Der Beginn eines Rollenwechsels

Der Verlust der Kindrolle scheint einerseits selbstverständlich zu sein, und doch kann er, in dem Moment, in dem er deutlich wird, äußerst schmerzhaft empfunden werden. Die meisten Menschen haben längst Verantwortung für sich selbst übernommen, und doch – ohne es sich bewußt zu machen – gab es immer noch die Eltern als eine Art höhere Instanz.

Obwohl wir im Lauf des Lebens viele Entwicklungsstadien durchlaufen (von der Kindheit über die Pubertät zum Elternwerden), bleibt diese Rollenverteilung oft über lange Zeit bestehen. Doch auch wenn die Kinder längst erwachsen sind, versuchen manche Eltern die alten Regeln immer noch aufrechtzuerhalten und sich gemäß den eigenen Wertvorstellungen in das Leben ihrer erwachsenen Kinder einzumischen. Umgekehrt verhalten sich viele Erwachsene im Kontakt mit ihren Eltern gemäß der Kindrolle. Sie fügen sich wie in alten Zeiten deren Wünschen oder versuchen zum x-ten Mal, sich den Eltern mit all den altvertrauten Argumenten zu widersetzen. Viele Kinder erhoffen sich auch noch im Erwachsenenalter Lob und Anerkennung von ihren Eltern und bleiben nicht zuletzt durch diese Erwartungshaltung in der Kindrolle verhaftet.

Neue Rollen

Das Hineinwachsen in die neuen Rollen beginnt meist schleichend. Oft ist den Kindern die Veränderung ihres Verhältnisses zu den Eltern zunächst kaum bewußt, denn manchmal senden diese nur kleine, kaum wahrnehmbare Zeichen dafür, daß sie nun die Hilfe und Unterstützung ihrer Kinder suchen, indem sie beispielsweise häufiger anrufen als dies sonst ihrer Gewohnheit entsprach. Die Gespräche haben oft gar keinen besonderen Anlaß, die Eltern suchen in vielen Fällen nur kurzen Kontakt, wollen sich überzeugen, daß alles in Ordnung ist.

Diese kurzen Kontakte sind die ersten Anzeichen ihrer beginnenden Einsamkeit. Immer mehr Verwandte, Freunde und Bekannte sterben, der Freundeskreis reduziert sich, und die Einsamkeit wird größer. Aus dem Bedürfnis nach Kontakt wird die Bedürftigkeit nach uns Kindern stärker.

Ganz langsam kehren sich die Rollen um, und die Abhängigkeitsstruktur verändert sich. Aus der langen Phase des mehr oder weniger gleichberechtigten Erwachsenenlebens wird nun eine Phase, in der die Beziehung sich wieder verschiebt. Die Eltern brauchen uns nun auf eine andere Art und Weise.

»Meine Mutter kommt am Abend immer kurz für ein paar Minuten zu uns herunter. Sie will eigentlich nur wissen, ob alles in Ordnung ist, und dann geht sie wieder. Aber diese paar Minuten braucht sie jeden Tag.«

Doch neben dem erhöhten Kontaktbedürfnis oder unter Umständen gerade dadurch werden manchmal weitere Veränderungen offenbar. Zunächst stellen wir vielleicht verwundert fest, daß die Eltern kurzatmiger werden, und beispielsweise lange und anstrengende Wanderungen aus dem gemeinsamen Repertoire gestrichen werden müssen.

»Bei einem unserer Ausflüge mußten wir einen Bach überqueren. Plötzlich ergriff meine Mutter hilfesuchend meine Hand. Es war ein ganz merkwürdiges Gefühl. Einerseits war ich gerührt darüber, daß sie bei mir, ihrer Tochter, Hilfe suchte, andererseits gab es auch ein Moment der Verblüffung oder Verwunderung. Meine Mutter war in dem Moment auf mich angewiesen. Plötzlich war ich diejenige, die ihr eine Stütze – im wahrsten Sinne des Wortes – wurde.«

Die Kräfte der Eltern lassen allmählich nach, und größere Einkäufe müssen von den Kindern übernommen werden. Die Gartenarbeit wird zu beschwerlich, und Hilfe wird nötig. Diese ersten Anzeichen werden häufig ignoriert. Trotzdem wird es zunehmend wichtiger, bei Kleinigkeiten die helfende Rolle zu übernehmen.

Krankheit und Unfälle

Am deutlichsten zeigt sich der Rollenwechsel bei Krankheiten der Eltern. Der Übergang in die Rolle der Pflegenden geschieht dann meist unmittelbar und ohne daß die Beteiligten Zeit haben, sich über ihre neue Rolle Gedanken zu machen.

»Früher war es selbstverständlich, daß meine Mutter sich um mich kümmerte, wenn ich krank war. Seit ich verheiratet bin, hilft mir natürlich mein Mann, d.h. wir helfen uns gegenseitig. Meine Mutter habe ich vorher nie gepflegt. Ich wäre gar nicht auf die Idee gekommen. Aber vor ein paar Jahren ist mein Vater gestorben, und nun ist es ganz klar, daß ich diejenige bin, die meine Mutter versorgt, wenn sie krank ist.«

Die erste Übernahme der Pflege ihrer Eltern erleben die meisten als einen heiklen Schritt. Plötzlich kommt es zu einer neuen, aus dieser Position nie gelebten Intimität, die sehr befremdlich sein kann.

»Es war ganz merkwürdig. Als sich meine Mutter die Schulter ausgerenkt hatte, mußte ich ihr tagtäglich beim Anziehen helfen. Ich habe meine Mutter noch nie im Leben nackt gesehen und auch ihre Haut seit meiner Kindheit nie mehr berührt. Und plötzlich mußte ich sie jeden Tag mit einer Creme einreiben. Es war seltsam und selbstverständlich zur selben Zeit. Aber es kam auch eine furchtbare Angst in mir hoch, daß dies jetzt so weitergehen könnte. Ich dachte nur, ich muß ihr helfen, so schnell wie möglich wieder auf die Beine zu kommen.«

Auch wenn sich die Eltern von Krankheiten und Unfällen bald wieder erholen, so gibt es doch mit zunehmendem Alter viele Lebensbereiche, in denen sie manchmal den Überblick verlieren. Ein typisches Beispiel ist die regelmäßige Einnahme der immer zahlreicher werdenden Medikamente, manche müssen dreimal täglich, andere nur abends eingenommen werden, und mit der steigenden Anzahl der Präperate wird es immer schwieriger, die richtige Dosierung einzuhalten.

»Meine Mutter muß derart viele Medikamente nehmen, daß sie gleich eine Apotheke aufmachen könnte. Als sie neulich bei mir zum Mittagessen war, kramte sie ihre Pillendose raus und stocherte etwas unsicher darin herum. Sie gab schließlich zu, daß sie sich manchmal nicht mehr auskennen würde. Ich setzte mich daraufhin an den Computer und druckte ihr in Großschrift einen Tagesplan aus, wann sie was einnehmen müsse. Der hängt jetzt an ihrer Küchentür, und gleich daneben liegen die Tabletten.«

Die meisten Kinder ertragen und verarbeiten den physischen Abbau ihrer Eltern relativ gut. Wie das vorausgegangene Beispiel zeigt, gibt es einerseits für manche Probleme einfache Lösungen, aber auch mittlerweile vielfältige technische Hilfsmittel, so daß vieles erleichtert werden kann. Andererseits erwächst aus der Möglichkeit des Helfenkönnens vielleicht sogar ein Gefühl der eigenen Stärke. Ein Gefühl, für die Eltern wichtig und bedeutend zu sein, kann entstehen. Wir sind nun diejenigen, die gebraucht werden und vieles im Griff haben. So bietet unsere Hilfestellung die Gelegenheit, (vielleicht auch nur indirekt) Anerkennung zu bekommen.

Mentaler Abbau

Wenn die Eltern beginnen, mental abzubauen, wird zwar in uns das Gefühl, gebraucht zu werden, mit den damit verbundenen positiven Anteilen ebenfalls geweckt, doch ihr mentaler Abbau macht auch sehr viel mehr Angst als ihr physischer. Er wirkt meist bedrohlicher, da er für uns weniger faßbar und schwieriger einzuschätzen ist. Die ersten Anzeichen von Vergeßlichkeit können noch als »normal« abgetan werden. Das passiert doch jedem Menschen, irgendwelche Dinge oder Namen zu vergessen. Doch wenn die Vergeßlichkeit zunimmt und sich mit anfangender Verwirrtheit paart, beginnen die Sorgen. Die bis dahin noch unausgesprochene Frage »Wie wird das erst noch werden?« stellt sich zum ersten Mal.

»Mir ist erst nach einer Weile aufgefallen, daß meine Mutter bei den Besuchen zusehends schweigsamer geworden ist. Man hatte das Gefühl, daß sie meinem Vater das Feld überlassen wollte. Wenn wir uns getroffen haben, hat sie kaum mehr etwas gesagt. Selbst bei Problemen im Haushalt kümmerte sich mein Vater darum. Mir ist aber erst später klar geworden, warum sie sich so zurücknimmt. Ich habe erst gedacht, sie läßt meinem Vater den Vortritt, wie immer.«

Durch alte Rollenverteilungen werden manche Probleme zunächst noch nicht sichtbar. Die individuellen Reaktionsformen sind über so lange Zeit eingespielt, daß sie niemandem auffallen, am allerwenigsten den eigenen Kindern. Für die ersten Anzeichen werden meist noch »logische« Erklärungen gefunden, die sich jedoch im Lauf der Zeit nicht mehr aufrechterhalten lassen. Manchmal ein wenig beschämt versuchen wir Hilfskonstrukte zu finden, um diese Situation zu ignorieren und die Eltern nicht zu kompromittieren.

Auch hier zeigt sich die Rollenumkehrung deutlich: Wir sorgen uns um die Eltern und haben das Gefühl – wie bei kleinen Kindern –, nicht mit ihnen darüber reden zu können. Scheinbar schützen wir unsere Eltern, doch letzten Endes schützen wir uns selbst, denn auch wir wollen den Abbauprozeß nicht wahrhaben. Oft ist es erst bei deutlichen Veränderungen nicht mehr möglich, die Augen vor dem mentalen Abbau zu verschließen.

»Mein Vater hatte eine wertvolle Uhrensammlung. Nun weiß ich zwar, daß meine Mutter davon sicherlich nichts verschenkt, aber ich weiß nie, ob sie nicht mal das Haus verläßt und vergißt die Tür zu schließen. Meine Mutter ist mittlerweile derartig zerstreut, daß ich völlig unsicher geworden bin, wieweit sie auf sich aufpassen kann.«

Zu viel oder zu wenig Fürsorge?

Vor allem wenn das Gefühl einsetzt, daß die bisherige Form des Gesprächs bzw. der Auseinandersetzung mit den Eltern nicht mehr möglich ist, fangen wir häufig an, sie zu schonen, über ihren Kopf hinwegzuplanen und für ihre Zukunft Vorsorge zu treffen. In dieser »Elternrolle für die Eltern« kann es schnell passieren, daß wir über das Ziel hinausschießen und kaum mehr sehen, an welchen Stellen sie durchaus noch mitentscheiden können und wo unsere Hilfe angebracht ist.

Mit der Einstellung, daß die Eltern nun von uns abhängig sind und unsere Unterstützung brauchen, besteht die Gefahr, daß wir uns eine bestimmte Brille aufsetzen, durch die wir dann tatsächlich nur noch die Bedürftigkeit der Eltern sehen. Wir verhalten uns für gewöhnlich entsprechend unserer Wahrnehmung und greifen damit unter Umständen auch in Situationen ein, in denen sie eigentlich durchaus noch selbständig hätten handeln können.

In manchen Fällen ist es den Kindern so unangenehm, die Eltern mit der Veränderung bzw. mit ihren Gebrechen zu konfrontieren, daß es leichter zu sein scheint, über ihren Kopf hinweg zu entscheiden. Dies kann bereits bei Kleinigkeiten beginnen. Beispielsweise erzählte eine Klientin, daß sie furchtbar im Streß sei. Sie käme sich vor wie ein Taxi-Unternehmen, da sie ihre Mutter ständig zum Arzt, zu Freunden usw. fahren müsse.

Auslöser waren Gedächtnisstörungen der Mutter. Sie hatte sich einige Male mit dem Datum geirrt und war einmal mit der falschen U-Bahn gefahren. Die Tochter machte sich daraufhin Sorgen, daß ihre Mutter sich nicht mehr genügend orientieren könne und sich mit öffentlichen Verkehrsmitteln nicht mehr ausreichend zurechtfinden würde. So beschloß sie, die Mutter in Zukunft selbst zu fahren. Auf diese Weise würden Termine richtig eingehalten, und sie käme unter Garantie am richtigen Ort an. Die Tochter vergaß allerdings vollkommen, die Mutter danach zu fragen, ob sie mit dieser Lösung einverstanden sei.

Wie sich durch ein langes Gespräch herausstellte, hatte die Klientin in ihrem Übereifer nicht eine Sekunde lang daran gedacht, ihre Mutter zu fragen, ob sie diese Transporte wolle. Das Gegenteil stellte sich heraus: Einerseits hatte die Mutter Schuldgefühle, da sie den Streß ihrer Tochter wohl wahrnahm, andererseits hatte sie das Gefühl, sie würde ihre Tochter kränken, wenn sie den Fahrdienst nicht mehr annehmen würde. Tatsächlich hätte die Mutter lieber mehr Freiheit gehabt. Vor allem wenn sie Freundinnen besuchte, wollte sie manches Mal lieber länger bleiben und verzichtete der Tochter zuliebe auf eine weitere Stunde.

Nachdem das Mißverständnis aufgeklärt war, versuchten beide, neue Lösungen zu finden. Für die Mutter wurde ein Wandkalender angeschafft. Auf ihm sollte sie täglich ankreuzen, um welchem Tag es sich handelte, und Termine notieren. Außerdem überlegten sie gemeinsam, wie die Mutter ihre Wohnung besser organisieren konnte, um Dinge nicht mehr so schnell zu verlegen. Für die Stärkung ihres Gedächtnisses kauften sie außerdem einige Bücher über Gedächtnistraining.

Durch unseren (Über-)Eifer vermitteln wir unseren Eltern manchmal das Gefühl, unfähig und hilfsbedürftig zu sein. Sie schließen aus unserem Verhalten, daß sie vieles nicht mehr können. Dieses Phänomen nennt man »self-fulfilling-prophecy«, also eine sich selbst erfüllende Prophezeiung, da sich die Eltern durch unsere Überfürsorge tatsächlich vieles nicht mehr zutrauen und beginnen, bestimmte Handlungen nicht mehr zu verrichten. Somit haben sie durch uns gelernt, manches nicht mehr tun zu können.

Es gibt aber auch eine andere typische Erwartungshaltung. Viele erwachsene Kinder wollen ihre Eltern auch weiterhin so sehen wie bisher und setzen sie geradezu unter Druck, die fröhlichen und aktiven Alten zu sein. Mit dieser Einstellung verleugnen wir alle Alterungsanzeichen und überfordern nun die Eltern. Sie bekommen das Gefühl, nur als die Starken geliebt bzw. geschätzt zu werden.

Zum Teil übernehmen sie natürlich auch die Einstellung ihrer Kinder und versuchen, dem Bild der dynamischen Eltern zu entsprechen. In manchen Fällen ist dieser Druck so mächtig, daß sie bis an die Grenze ihrer Leistungsfähigkeit gehen, manchmal bis zum Herzinfarkt. Bisweilen können beide Seiten erst durch eine massive Grenzerfahrung lernen, daß sich vieles in ihrem Leben verändert hat, daß es an der Zeit ist, sich mit der Realität auseinanderzusetzen, und von vielen vertrauten Vorstellungen Abschied zu nehmen.

Auch wir brauchen Zeit, uns von dem alten Eltern-Kind-Verhältnis unserer frühen Jahre zu trennen. Der Abschied ist eine wichtige Voraussetzung, um die Übernahme neuer Rollen zu lernen und im Umgang mit den Eltern das richtige Maß zu finden. Dieser Prozeß unterliegt jedoch sicherlich permanenten Schwankungen, für die wir so weit wie möglich offen sein sollten.

Generationenvertrag privat

Die Eltern haben uns über Jahre erzogen, gepflegt und versorgt. Gerade aus diesen Erfahrungen heraus liegt das Gefühl von Verpflichtung nahe, nun umgekehrt für die Eltern zu sorgen. Die erste Auseinandersetzung damit ist vor allem eine emotionale Auseinandersetzung mit der Beziehung zu den Eltern. Durch äußere Faktoren wie die gestiegene Mobilität sind die Beziehungen oft distanzierter geworden, aber die Generation der heute 40- bis 60jährigen erlaubt sich auch eine größere emotionale Distanz als frühere Generationen. Der gesellschaftliche Wandel hat zur Folge, daß viele Verpflichtungen längst nicht mehr selbstverständlich sind. Die Regeln haben sich verändert.

Räumliche Bedingungen

In früheren Zeiten – in ländlichen Gebieten manchmal auch heute noch – wurde die Übernahme der Verantwortung durch die nachfolgende Generation durch eine räumliche Veränderung deutlich gemacht. Die Eltern kamen ins Altenteil, in die eigens dafür eingerichtete Wohnung, oft außerhalb des Hauses. Mit dieser räumlichen Trennung wurde klargelegt, wer nun das Sagen hatte über Haus und Hof. Gleichzeitig ging damit jedoch auch die Verpflichtung einher, sich nun auf eine andere Art und Weise um die Eltern zu kümmern. Durch diese räumliche Veränderung gab es eine klare Zäsur im weiteren Zusammenleben mit neuen, über viele Generationen hinweg tradierten Regeln.

Aber auch heute gibt es durch die räumlichen Gegebenheiten in vielen Familien noch derartige Einschnitte:

»Meine Mutter zog in die kleinere Wohnung des Hauses und überließ uns ihren Teil. Allein dadurch wurde schon klar, daß diejenigen die fürsorgliche Rolle haben, die im Hauptbereich wohnen.«

In Fällen von großer räumlicher Nähe besteht die Fürsorge oft schlicht und einfach in einer Art Bereitschaftsdienst. Im Notfall ist meist jemand im Haus, der oder die schnell helfen kann. Dieses Wissen kann zu einer Beruhigung auf beiden Seiten beitragen. Nicht nur die Eltern verspüren die Sicherheit, daß spätestens nach ein paar Stunden jemand kommt und nach ihnen schaut, auch für die Kinder kann es beruhigend sein zu wissen, daß sie im Falle eines Unfalles schnell zur Stelle sein können.

In den meisten Fällen leben die Generationen jedoch voneinander getrennt, häufig sogar in verschiedenen Städten. Die Verantwortungsübernahme wird durch diese Distanz erheblich erschwert, und es muß ein größerer organisatorischer Aufwand betrieben werden, um sich zu sehen und zu helfen. Die Abklärung der Bereiche, in denen Hilfe notwendig ist, ist enorm wichtig, d.h. es muß genau überlegt werden, in welchen Lebenssituationen die Eltern Unterstützung brauchen und wollen.

»Ich wohne ziemlich weit entfernt von meiner Mutter. Früher konnte mir der Abstand gar nicht groß genug sein. Heute tut es mir oft leid, daß ich so weit weg bin. Man merkt deutlich, daß

26

sie allmählich abbaut, und manchmal plagen mich Schuldgefühle, weil ich mich so wenig um sie kümmere. Ich habe mich allerdings jetzt kundig gemacht und eine Liste von guten Ärzten in ihrer Nähe für sie zusammengestellt. Das beruhigt mich jetzt sehr, daß sie im Notfall zumindest schnell Hilfe holen kann.«

Helfen und Schützen

Während die meisten Eltern es als kränkend empfinden, mit dem Älterwerden die zunehmende Hilfsbedürftigkeit zu spüren, so geben sie doch in manchen Bereichen die Verantwortung gerne ab bzw. wollen konkrete Unterstützung von ihren Kindern. Viele alte Menschen entwickeln im Laufe der Zeit große Ängste vor der Außenwelt. Sie fürchten sich davor, ihr Geld alleine von der Bank abzuheben oder sich nachts ohne Begleitung auf der Straße zu bewegen. Denn mit zunehmendem Schwinden der Kräfte steigt oft die Angst vor Überfällen.

In diesen Fällen nehmen wir nicht nur eine fürsorgliche, sondern auch eine beschützende Rolle für die Eltern ein. Diese Rolle schmeichelt einerseits, zeigt sie doch, wie stark und lebenstüchtig wir sind, doch sehen viele Kinder diese Veränderung auch mit gemischten Gefühlen. Denn manchmal stellen sich auch – vielleicht unbewußt – Gefühle wie Kummer über den Verlust des elterlichen Schutzes ein, auch wenn dieser real schon längst nicht mehr genutzt wurde oder gar nicht mehr vorhanden war. Aber auch Mitleid ist zu spüren. Aus den starken, behütenden Eltern sind Menschen geworden, die sich zunehmend ängstlich und schwach fühlen und nun unseres Schutzes bedürfen.

So wecken die Eltern, deren Kräfte schwinden, bei den Kindern wiederum Ängste vor der Zukunft. Wie wird das erst später werden, wenn die Mutter oder der Vater noch weiter abbauen? Welche Verpflichtungen kommen noch auf uns zu?

Emotionale Hindernisse

Es ist aus unterschiedlichsten Gründen nicht immer leicht, der Verpflichtung, sich um die Eltern zu kümmern, nachzukommen. Vor allem die emotionale Beziehung zu ihnen ist von Bedeutung. Viele Erwachsene der heutigen Pflegegeneration haben ein äußerst gespanntes Verhältnis zu ihren Eltern. Häufig handelt es sich dabei um Reaktionen auf Erlebnisse in Kindheit und Jugend. Zum Beispiel hat die politisch motivierte Kritik der 68er-Generation dazu geführt, daß über viele Jahre hinweg bei einigen die Beziehung zu ihren Eltern sehr verhärtet oder distanziert war. Manche können auch nach Jahren noch nicht Frieden mit ihnen schließen. Entsprechend schwierig gestaltet sich die Frage nach der Übernahme von Verantwortung für die Eltern.

»Ich bin dann jemand, der seine Pflicht tut, aber ich will nicht verhehlen, daß ich meine Mutter nicht sonderlich mag.«

Dies ist eine Äußerung, die den emotionalen Zustand sehr deutlich beschreibt.

Aber auch Erinnerungen an Gewalterfahrungen während der Kindheit – welcher Art auch immer – können prägend für das weitere Leben sein und eine starke emotionale Blockade auslösen, die die Pflege erheblich erschwert oder gar unmöglich macht.

»Ich habe bis jetzt noch nie mit jemandem darüber gesprochen. Mein Vater hat mich, als ich acht Jahre alt war, sexuell mißbraucht. Ich glaube, meine Mutter wußte es, hat aber nie was gesagt. Sie ist schon lange tot, und meinen Vater sehe ich nur zu bestimmten Feiertagen oder Familienfesten. Beim letzten Treffen ist mir zum ersten Mal aufgefallen, wie sehr er jetzt abbaut, und in mir kam Panik hoch bei dem Gedanken, ich müßte ihn nun pflegen.«

Manche Angehörige fühlen sich selbst nach einem sexuellen Mißbrauch unter Druck, die Eltern trotz allem pflegen zu müssen. Oft reicht allein der Gedanke an diese Erwartung aus, um die Bedrohung und die alten Gefühle erneut spürbar werden zu lassen. Bereits die Gedanken an diese kritische Situation können alte Wunden aufreißen, die manchmal nur durch Hilfe von außen wieder zu heilen sind.

Wie weit es tatsächlich möglich ist, Eltern nach massiven Gewalterfahrungen zu pflegen, bleibt fraglich. Vielleicht ist es manchen Menschen möglich, so weit zu verzeihen, daß sie trotz bewußter Erinnerung an das Geschehene die Aufgabe sachlich als ihre Pflicht definieren und damit die Pflege – zumindest rein mechanisch – übernehmen können.

In nicht wenigen Fällen sind mit der Gewalterfahrung auch Gefühle von eigener Schuld und Scham verbunden. Gerade bei sexuellem Mißbrauch entwickeln Kinder häufig Selbstvorwürfe, weil sie sich nicht gewehrt haben. Sie fühlen sich wertlos und schuldig, weil sie mitgemacht und stillgehalten haben. Diese Schuldgefühle versuchen viele wieder auszugleichen, indem sie sich gedanklich aus der eigenen Opferrolle heraus zum Täter bzw. zur Täterin machen – Gedanken, die häufig auch im Erwachsenenalter erhalten bleiben. Diese Gedanken werden häufig durch die Reaktion der Umwelt verstärkt – sei es innerfamiliär, sei es vor Gericht. »Sie hat es nicht anders gewollt!« ist ein typischer Satz, mit dem sexueller Mißbrauch legitimiert wird. Mit diesem gedanklichen Konstrukt wird damit der Täter bzw. die Täterin zum Opfer. Wenn sich die Kinder nun um die Opfer kümmern – so die Phantasie –, können sie alles wieder gut machen. Durch diese Fürsorge erteilen sie sich selbst indirekt die Absolution.

Doch die meisten Kinder mit Gewalterfahrungen können sich von dem Erlebten nicht distanzieren, und die Übernahme der Pflege wird für sie damit undenkbar. Eine Pflege voller Haß wäre allerdings sicherlich auch für die Eltern nicht wünschenswert. In diesen extremen Fällen wird vermutlich externe Hilfe für alle Beteiligten die sinnvollste Lösung sein.

Eigene Bedürfnisse spüren und formulieren

Aber auch wesentlich harmlosere Beweggründe – wie zum Beispiel die eigene aktuelle Lebensführung – lassen oft keinen Raum für hilfs- bzw. pflegebedürftige Eltern.

»Ich kann es mir auf gar keinen Fall vorstellen, neben meiner Berufstätigkeit, mich morgens, bevor ich losgehe, oder abends, wenn ich nach Hause komme, noch um meine Mutter zu kümmern. Das ist mir klar geworden, als sie vor kurzem einen Unfall hatte und ich sie vierzehn Tage lang versorgt habe. Über diesen Zeitraum war dies in Ordnung, aber länger käme für mich nicht in Frage. Da würde ich auf alle Fälle auf professionelle Hilfe zurückgreifen. Ich habe ein sehr gutes Verhältnis zu ihr, aber meine Arbeit ist mir auch wichtig.«

Nicht alle Menschen können eine derart klare Aussage treffen, denn eine Verweigerung oder Einschränkung der Fürsorge hinterläßt häufig ein Gefühl von Schuld und Versagen – meist unabhängig von der emotionalen Beziehung zu den Eltern. Denn auch bei einem schlechten Verhältnis besteht doch bei vielen Kindern trotzdem das Gefühl, die Verantwortung übernehmen zu müssen. Eine Versorgung der Eltern, die nicht aus freiem Willen geschieht, kostet sehr viel Kraft, da sie häufig ausschließlich als (unangenehme) Pflicht angesehen wird.

»Es ist für mich eine Herausforderung, weil ich meine Mutter nicht von Herzen liebe. Es ist ja nicht so, daß ich ihr was zurückgebe, was ich selbst empfangen habe. Das Beste, was ich über sie sagen kann, ist, daß sie mich in Ruhe gelassen hat. Aber ich habe das Gefühl, daß ich sonst ganz große Schuldgefühle bekommen würde. Ich könnte sonst nicht mehr schlafen. Aber es strengt mich unsagbar an.«

Verantwortung für die »verrückten Alten«?

Wenn die Eltern mental abbauen, ist es häufig noch schwieriger, sich mit seinen Gefühlen bzw. den Widerständen gegen die Verpflichtung auseinanderzusetzen. Durch die allmähliche Verkindlichung der Eltern ist es kaum möglich, sich mit ihnen darüber auszutauschen. Der moralische Druck steigt häufig derart stark, daß scheinbar keine Alternative bleibt.

»Meine Eltern waren sich immer selbst genug und hatten dadurch wenig Kontakt. Erst als meine Mutter starb, fing mein Vater an, in unserer Verwandtschaft herumzutelefonieren. Dagegen ist ja überhaupt nichts einzuwenden. Nur fing er an, alle möglichen wunderlichen Dinge über mich zu erzählen, daß ich ihn verhungern lassen würde zum Beispiel. Außerdem sagte er, ich würde ihm die halbe Wohnung ausräumen und ginge an seine Konten.«

Solange solche Vorwürfe und Verdächtigungen innerhalb der Verwandtschaft bleiben, ist dies noch halbwegs erträglich. Zumindest gibt es die Möglichkeit, alle Beschuldigungen schnell aus der Welt zu schaffen, auch wenn das nicht immer einfach ist. Vielen Angehörigen ist eine derartige Situation bereits innerhalb der Verwandtschaft äußerst peinlich, vor allem wenn die ersten herablassenden Bemerkungen über die Eltern gemacht werden.

Den meisten Angehörigen ist es aber noch unangenehmer, wenn die Öffentlichkeit mehr und mehr Notiz von dem geistigen Abbau der Eltern nimmt.

»Im Lauf der Zeit wurde es immer toller. Bei uns im Haus wohnt sein Hausarzt, und dem hat er auch erzählt, wie ich ihn behandle. Schließlich mischte sich auch die Hausbesitzerin ein und fragte mich, warum ich für meinen Vater noch nicht die Rente beantragt hätte.«

Auch wenn es gegenüber Außenstehenden gelingt, die Vorwürfe zurechtzurücken und den realen Sachverhalt zu erklären, bleibt doch ein unangenehmes Gefühl zurück. Unsere Eltern werden plötzlich auch von der Umwelt als »verrückt« wahrgenommen. Viele reagieren mit einer Mischung von Beschützerinstinkt und Gefühlen bestehend aus Traurigkeit, Wut oder Hilflosigkeit. Wir Kinder werden zum ersten Mal in der Öffentlichkeit für unsere Eltern verantwortlich gemacht.

»Plötzlich ging mir ein Licht auf, daß meine Mutter sich offensichtlich über mich beschwert, ich würde mich nicht um sie kümmern. Und ich bin unsicher, kommt es daher, daß sie es mental vergißt oder ist da Boshaftigkeit mit im Spiel. Das ist ja ein Prozeß. Anfangs konnte ich mir das gar nicht vorstellen. Ich habe zu meiner Mutter gesagt: ›Schau, ich will dir doch nichts Böses. Ich möchte dir doch bloß helfen.‹ Aber sie hat immer nur geantwortet, daß sie keine Hilfe brauche. Dabei verschimmelte in ihrer Wohnung alles.«

Die mangelnde Einsicht der Eltern in ihr Tun wird für die meisten Angehörigen zum Problem. Erste Zweifel über die Handlungsfähigkeit der Eltern kommen auf. Wollen die Mutter oder der Vater nicht zuhören oder können sie tatsächlich immer weniger aufnehmen? Die Verpflichtung zur Verantwortungsübernahme für die Eltern wird unübersehbar.

Erwachsenwerden

Doch die Verantwortung zu übernehmen bedeutet auch, die Verantwortung für die eigene Reifung zu übernehmen. Ein Teil des Erwachsenwerdens besteht darin, das alte Rollenspiel zu durchbrechen und beispielsweise die Eltern so zu akzeptieren wie sie sind, mit all ihren Haken und Ösen.

Viele erwachsene Kinder halten wie in Jugendjahren den Kampf gegen die Eltern aufrecht oder hoffen nach wie vor auf die Befriedigung ihrer Bedürfnisse. Es ist notwendig sich klarzumachen, daß mit dieser Verhaltensweise bzw. mit diesen Ansprüchen nur das alte Spiel weitergeht, ohne daß es zu einer Lösung kommt.

»Als ich nach Monaten mal wieder nach Hause kam, haben sie mich zwar stürmisch begrüßt, aber dann ging alles so weiter wie immer. Als ich ihnen sagte, wie stumpfsinnig es sei, die ganze Zeit den Fernseher laufen zu lassen, hackten sie total auf mir rum.«

Zuerst gaben die Eltern dem Kind die Zärtlichkeit, die sich viele erwachsene Kinder zur Begrüßung nach wie vor wünschen, doch diese Zuwendung hielt nicht lange an. Und dann begann die Provokation. Das Kind wollte, daß sich die Eltern anders verhalten sollten, als sie dies in den letzten Jahrzehnten getan hatten. Das Beharren auf eine Veränderung bringt meist nur unnötige Frustration. Nur durch ein Loslassen von dieser Erwartungshaltung kann Ruhe in die Beziehung einkehren.

Diese Einstellung ist natürlich für beide Seiten wünschenswert, doch werden wir die Eltern nicht mehr ändern. Vermutlich kann in späteren Jahren dieses innere Wachstum nicht mehr erwartet werden. Für die Kinder ist es um so wichtiger zu erkennen, daß die alten Regeln aus der Kindheit nicht mehr gültig sind, und sie entsprechend nach und nach die Verantwortung für die Eltern, aber auch für sich selbst übernehmen müssen.

Ignorieren oder Hinschauen?

Ein genauer Zeitpunkt des Rollenwechsels ist nicht festzumachen, doch irgendwann kommt der Zeitpunkt, an dem wir merken, daß unsere Fürsorglichkeit nun überwiegt.

In gewisser Weise ist der Abschied von dem Bild der starken Eltern auch eine Form von Trauerarbeit: Es ist der Abschied von dem Bild der Eltern, das man in der Kindheit aufgebaut hat, und zugleich auch ein Abschied von der eigenen Kindrolle, auch wenn wir schon lange kein Kind mehr sind. Wir nehmen diese Veränderung bewußter und als endgültig wahr. Dieser Abschied fordert eine intensivere Auseinandersetzung mit uns selbst.

Durch das langsame Älterwerden unserer Eltern wird uns zur selben Zeit ein Spiegel vorgehalten, da sich nicht nur die Eltern in uns, sondern auch wir uns in unseren Eltern sehen. Während sich die meisten Menschen in den Jugendjahren vornehmen, auf keinen Fall genau so wie ihre Eltern zu werden, merken doch viele mit zunehmendem Alter, wie viele Ähnlichkeiten mit den Eltern sie entwickelt haben. Neben dem ähnlicher werdenden Aussehen fallen manchmal dieselben (früher gehaßten) Sprüche, und selbst schrullige Eigenschaften werden unbewußt übernommen.

»Meine Mutter ging mir ewig auf den Geist mit ihren Standardantworten. Ich hätte sie eigentlich gar nicht anrufen müssen. Ich kannte ihre Sätze so gut, daß ich unseren Dialog auch ohne sie hätte führen können. Und jetzt ertappe ich mich immer öfters dabei, daß ich selbst ihre Sprüche verwende, und ich ärgere mich furchtbar darüber.«

So bringt die Veränderung der Eltern zwangsläufig die Konfrontation mit dem eigenen Älterwerden mit sich. Für viele ist dies extrem unangenehm. Gerade in unserer Zeit, in der es wie nie zuvor wichtig ist, jung, dynamisch und fit zu sein mit einem makellosen Antlitz ohne Falten, ist es wesentlich schwieriger geworden, alt zu werden. *Alt zu werden* bedeutet in unserer schnellebigen Kultur schon lange nicht mehr *weise zu werden*. Entsprechend müssen wir uns mit der gesellschaftlich bedingten Entwertung unserer älterwerdenden Eltern auseinandersetzen und damit mit den eigenen bewußten oder unbewußten Ängsten vor dieser Entwertung.

Die Veränderung der Eltern tritt meist in einem Lebensabschnitt der Kinder auf, in dem diese selbst zum ersten Mal mit den eigenen Alterungsprozessen konfrontiert werden. Wenn die ersten Abbauprozesse der Eltern deutlich werden, geschieht dies häufig zu einem Zeitpunkt, in dem man selbst die beginnenden Abbautendenzen im Leben spürt. Allmählich machen sich Zipperlein breit, und zum ersten Mal wird wahrgenommen, daß viele Dinge im Leben nicht mehr zu erreichen oder nicht mehr machbar sind.

Die Beobachtung des zunehmenden Alterungsprozesses der Mutter oder des Vaters hebt uns einerseits zunächst positiv davon ab. Sie kann uns schmeicheln – wir gehören *noch* zu dem Heer der sozial Akzeptierten. Im Vergleich zu den Eltern können wir noch sehr viel machen. Wir können noch relativ unbeschwert unsere Zukunft planen, mit vielen neuen Ideen. Auch wenn wir bereits spüren, daß manche Ziele nicht mehr erreichbar sind, einige unserer alten Träume sich nicht mehr erfüllen werden, so ist doch vieles noch machbar. Aber es wird allmählich deutlich, daß auch unsere Uhr tickt, und unsere Eltern zeigen uns, daß auch wir früher oder später abbauen und hilfsbedürftig werden. Diese Wahrnehmungen schüren unsere (unbewußten) Ängste.

Außerdem leiden wir unter dem Verlust unseres Bildes der dynamischen Eltern, und wir wissen, daß auch unsere Umwelt deren physischen oder mentalen Abbau wahrnimmt. Viele schämen sich dafür, denn die meisten wollen nach wie vor mit Stolz zu ihren Eltern aufsehen und diesen Stolz auch nach außen tragen können. Solange die Eltern intellektuell noch auf der Höhe sind, kann man viele »Makel« übersehen und verzeihen. Wenn die Eltern jedoch mental abbauen, nimmt das Schamgefühl der Kinder meist überhand. Der Abbau wird oft als starke eigene Kränkung erlebt und kann dadurch in Wut auf die Eltern umschlagen. Diese Wut erzeugt häufig wiederum Schuldgefühle, und es wird immer schwieriger hinzuschauen.

Die eigene emotionale Betroffenheit und die Angst vor dem eigenen Abbau machen es schwierig, die Veränderung der Eltern voll zu akzeptieren. Die ganze Situation zu ignorieren, erscheint einfacher und weniger schmerzlich, als mit der eigenen – nun indirekt vor Augen geführten – Entwertung zu kämpfen. Hinzu kommen noch zusätzliche Ängste vor all den Komplikationen, die durch eine eventuell nahende Veränderung der Eltern entstehen können.

» Was bei mir massiv vorhanden ist, sind Zukunftsängste, die Frage: ›Wie wird das, wenn ihre Krankheit sich weiter entwickelt?‹

Ich bin mir heute schon darüber im klaren, daß das kein einfacher Schritt werden wird, sie in ein Alters- oder Pflegeheim zu geben.«

So bedarf es auch sehr viel Mutes, sich der Problematik zu stellen. Die Auseinandersetzung mit dieser schwierigen Frage und mit der eigenen Verpflichtung läßt sich eine ganze Weile hinausschieben, doch muß das Thema irgendwann angegangen werden. Und je früher darüber offen diskutiert wird, desto besser lassen sich weitere Schritte vorbereiten und desto leichter können Mißverständnisse und Kränkungen vermieden werden.

Wer ist eigentlich verantwortlich?

Solange beide Elternteile noch am Leben sind, hält sich unsere Verantwortung noch einigermaßen in Grenzen. Für gewöhnlich setzen die ersten Anzeichen von mentalem oder physischem Abbau erst bei einem Elternteil ein, so daß sich die Eltern zunächst noch gut gegenseitig helfen und unterstützen können. Noch sind wir nur am Rande gefordert. Kleine Dienstleistungen und einfache Ratschläge reichen meist aus, um den Eltern den Alltag zu erleichtern.

Gleichberechtigte Partner

Doch wenn die pflegende Mutter oder der pflegende Vater nun auch an ihre Grenzen stoßen, werden die Kinder für spezielle Hilfen oder Entscheidungen mit herangezogen. So kann der Rollenwechsel manchmal auch in einer anderen Art und Weise stattfinden. Statt von der Kindrolle sofort in die Elternrolle zu wechseln, leben viele zunächst in der Rolle des gleichberechtigten Partners bzw. der Partnerin für einen Elternteil.

»Mein Vater nahm mich eines Tages beiseite und sagte: ›Du, mit deiner Mutter kann das so nicht weitergehen. Die kann gar nichts mehr selbständig machen. Ich überlege mir, ob ich sie nicht in ein Pflegeheim gebe.‹ Aber ich war total entrüstet und meinte, daß er das nicht machen könne. Da gab es viele Telefonate, und ich habe ihm immer gesagt, daß die Mutter so oft in ihrem Leben zurückgesteckt hätte, daß es nun an der Zeit wäre, daß er mal etwas zurückgibt.«

Der Vater macht hier die Tochter zur Vertrauten, die mit ihm eine Entscheidung treffen soll, und die Tochter reagiert aus der Position einer Gleichberechtigten. Diese Übergänge sind vielen Menschen vertraut. Häufig beginnt die Übernahme bestimmter Verantwortung schon früh, in manchen Bereichen mit der Berufsausbildung, durch die die Kinder Kompetenzen erwerben, über die die Eltern nicht verfügen und durch die bereits manche Aufgaben übernommen werden können oder auch müssen. Mit zunehmendem Alter werden die Kinder immer häufiger nach ihrer Meinung gefragt oder um Rat gebeten. Wenn die Eltern älter werden, bekommt dies jedoch eine andere Qualität. Aus dem Mitspracherecht bei bestimmten Dingen wird die Übernahme wichtiger Entscheidungen für die Eltern, und – je nach Situation – bekommen die Kinder auch ein Vetorecht.

Ansprüche der Eltern

Die Eltern kämpfen oft auch selbst mit der neuen Rollenverteilung. Viele haben Schwierigkeiten, den Wandel in der Beziehung zu ihren Kindern wahrzunehmen, und verharren in ihrer bisherigen Position. So konfrontieren manchmal die »gesunden« Elternteile ihre Kinder mit einer großen Anspruchshaltung.

»Bei uns ging das so weit, daß mein Vater, als er ins Kranken-
haus mußte, von uns verlangte, daß mein Mann unser Ehebett
räumt, damit meine Mutter gut untergebracht ist.«

In dieser Situation wird die Verantwortung offiziell delegiert.
Der Vater hat eine bestimmte Erwartung an seine Tochter und
verlangt von ihr, daß sie seine Forderung anstandslos erfüllt. Er
bleibt nach wie vor in der Rolle des autoritären Vaters und be-
harrt darauf, als hätte er ein lebenslanges Recht auf diesen Part.
   Manche Eltern haben so das Gefühl, ihre Kinder seien es ihnen schuldig, daß sie jederzeit für ihre Bedürfnisse zur Verfügung stehen. Sie setzen sich gar nicht oder nicht in ausreichen-
dem Maße damit auseinander, inwieweit ihre Ansprüche über-
zogen oder unerfüllbar sind. Meist ist das Leben der Angehörigen nicht von heute auf morgen umzustellen, vor allem wenn
die Kinder inzwischen eine eigene Familie haben, die ebenfalls
Ansprüche und Erwartungen hat.

»Ich habe eine große Familie zu versorgen und kann es mir
nicht leisten, täglich zu meiner Mutter zu fahren, während mein
Vater im Krankenhaus liegt. Sie die ganze Zeit bei uns zu ha-
ben, ist aufgrund der beengten Wohnverhältnisse auch nicht
möglich, und das ist auch nicht nötig. Aber ich habe ihr ange-
boten, bei mir zu Mittag zu essen. Sie kam also dreimal die Wo-
che, und das war für sie völlig in Ordnung. Und mein Vater
war dann auch beruhigt.«

Das Beziehungs-Verhältnis so aufrechtzuerhalten wie vor 20
oder noch mehr Jahren ist unrealistisch. Die Lebensbedingungen der Eltern haben sich ebenso verändert wie die der Kinder.
Kompromisse müssen gefunden werden, da sonst ein massives
Ungleichverhältnis entsteht, und bei einer Partei das Gefühl
entsteht, nicht genügend auf ihre Kosten zu kommen. In dem
oben genannten Beispiel war das Ergebnis schließlich für beide
Seiten akzeptabel, erleichtert dadurch, daß es sich um einen
überschaubaren Zeitraum handelte.

Unter Geschwistern

Im Sinne des Generationenvertrags sind sicherlich zunächst die Kinder verantwortlich, wenn Eltern bedürftig oder gebrechlich werden, wobei das Ausmaß und der Inhalt dieser Verantwortlichkeit von vielen Faktoren abhängen. Inwieweit die Kinder sich rund um die Uhr um ihre Eltern kümmern müssen oder einfach weitere Hilfe organisieren können, sie bei sich aufnehmen oder nur finanziell für sie aufkommen, ist individuell unterschiedlich.

Daß die Kinder verantwortlich sind für ihre hilfsbedürftigen Eltern, darüber besteht in den meisten Fällen Konsens. Doch bei mehreren Geschwistern entsteht dann oft die Frage, wer die Hauptverantwortung übernimmt.

»Für mich ist das klar, daß ich die Verantwortung übernehme. Ich wohne mit meiner Mutter im Haus, ich bin als erste erreichbar, also übernehme ich auch die Verantwortung. Mein Mann ist sicherlich auch bis zu einem gewissen Grad bereit, manche Dinge zu übernehmen. Natürlich kann ich meinen Bruder bitten, manchmal einzuspringen, aber zunächst bin ich die Ansprechpartnerin.«

Verantwortung wird aber nicht nur aufgrund der häuslichen Gegebenheiten übernommen. Wenn ein Elternteil gestorben ist, sind die Kinder in vielen Fällen die einzigen Menschen, zu denen das überlebende Elternteil überhaupt noch Kontakt hat.

»Ich sehe jetzt, daß meine Mutter wirklich niemanden hat. Ihr Arzt sieht auch nicht, was wirklich mit ihr los ist. Die einzige, die wirklich hinschaut, bin ich. Das kann nur ich machen. Und ich denke, das ist auch meine Aufgabe, weil sie nie in der Lage war, Beziehungen zu anderen Menschen aufzunehmen.«

Die Kinder werden bei Entscheidungen immer mehr miteinbezogen, und auch die konkrete Umsetzung der einzelnen Schritte müssen sie in wachsendem Maße übernehmen. Mit zunehmendem Alter werden sie die wichtigsten Ansprechpartner. Das Ausmaß und der Inhalt der Verantwortungsübernahme ist jedoch unterschiedlich und kann auch auf mehrere Schultern verteilt werden.

Umgang mit dem Abbau

Grundsätzlich ist es sinnvoll, die Eltern bei Abbauerscheinungen zu motivieren, sich internistisch untersuchen zu lassen. Denn manchmal wird dadurch festgestellt, daß die aktuelle Müdigkeit durch eine Schilddrüsenunterfunktion verursacht wird, der Blutdruck nicht in Ordnung ist oder daß Herzrhythmusstörungen oder Diabetes vorliegen.

Viele dieser im Alter häufigen Erkrankungen können durch Medikamente unter Kontrolle gehalten werden. Manchmal reichen sogar einfache Hausmittel aus. Beispielsweise können nächtliche Unruhezustände und Verwirrtheit durch einen Blutdruckabfall verursacht werden. Eine Tasse Kaffee vor dem Schlafengehen genügt dann oft, um den Eltern wieder zu einem ruhigen Schlaf zu verhelfen. Dies klingt vielleicht ein wenig paradox. Doch durch Kaffee kann vorab ein nächtlicher Blutdruckabfall und damit die Unruhe verhindert werden.

Da alte Menschen manche Dinge einfach als gegeben, als eine normale Alterserscheinung hinnehmen, gegen die man nichts unternehmen kann, liegt es sicherlich in der Verantwortung der Kinder, sie dazu anzuregen, sich untersuchen zu lassen und gegebenenfalls entsprechende Maßnahmen zu ergreifen.

Konkrete Hinweise: Was tun? Welche Unterstützung gibt es?

Gerade der schleichende Prozeß der Veränderungen macht es uns in mancher Hinsicht einfach, wegzusehen und uns von den notwendigen Konsequenzen zu drücken, anstatt offen mit der

Thematik umzugehen. Ab welchem Zeitpunkt sprechen wir die Situation, die wachsenden Probleme an? Die zentrale Frage lautet: Wie können wir Lösungen finden, ohne die Würde der Eltern zu verletzen?

Geduld

Die am häufigsten angewandte Strategie ist, die Veränderungen erst einmal zu ignorieren bzw. ein wenig peinlich berührt wegzusehen. Diese Methode führt meist zu angestautem Ärger und dazu, daß die ersten ernsthaften Auseinandersetzungen dann schließlich unnötigerweise bei Kleinigkeiten beginnen und mit einer Heftigkeit ausgetragen werden, die der Situation nicht angemessen ist. Wir empfinden die Eltern beispielsweise als zu langsam, was anders gesehen heißen kann, wir haben nicht genügend Zeit oder genügend Geduld.

»Es ist mir jedoch wichtig, daß meine Mutter so selbständig wie möglich bleibt. Sie leidet unter fortschreitender Arthrose, und sie neigt dazu, viel auf mich abzuwälzen. Doch je mehr ich ihr abnehme, desto mehr komme ich in diese fürsorgliche Rolle, und ich möchte schon, daß sie sich so lange wie möglich ihren eigenen Bereich erhält und so selbständig wie möglich bleibt.«

Eltern dürfen nicht voreilig als unfähig oder hilflos abgestempelt werden, sie müssen – soweit möglich – nach wie vor Aufgaben in ihrem Leben wahrnehmen. Gerade aus mangelnder Geduld kann es passieren, daß wir ihnen vorschnell Dinge aus der Hand nehmen, weil wir alles schneller erledigen können als sie. Es stellt sich jedoch die Frage, ob denn tatsächlich alles in diesem – sprich unserem – Tempo erledigt werden muß. Das heißt, wir müssen uns ständig fragen, inwieweit die Eltern unseren Ansprüchen genügen müssen.

Bei aller Hilfsbereitschaft müssen wir doch darauf achten, unsere Eltern nicht zu entmündigen. Viele Probleme lassen sich im Einklang mit ihnen lösen. Sie haben ein Recht darauf, in ihrer Persönlichkeit wahrgenommen zu werden. Vieles ist für sie seit Jahrzehnten gewohnt und eingeübt, und wir dürfen sie nicht plötzlich aus ihren Gewohnheiten reißen. Sie müssen anfangen, sich auf ihr Lebensstadium einzustellen, und wir müssen dies ebenfalls.

Offenheit

Zu einem offenen Umgang mit dem Problem gehört, Fragen zu stellen, anstatt so zu reagieren, wie man meint, daß der andere es will. Andernfalls entstehen meist Mißverständnisse.

» Was den Umgang mit meiner Mutter erleichtert, ist, daß sie selbst nicht abhängig werden möchte. Sie schätzt sehr, was ich für sie tue, aber sie weiß, daß ich ihr nur bis zu einem bestimmten Punkt helfen kann. Wenn sie wirklich pflegebedürftig würde, weiß sie, daß ich als berufstätige Frau ihre Pflege nicht übernehmen könnte. Das erleichtert die Sache sehr. Wir können offen darüber reden, und sie kümmert sich auch selbst um ihre Zukunft so weit wie möglich. Sie achtet darauf, daß es ihr gut geht ohne mich.«

Nicht immer machen es einem die Mütter so leicht. Die meisten Kinder haben Angst vor einem klärenden Gespräch und versuchen, es so lange wie möglich vor sich herzuschieben. Wenn sich die ersten Anzeichen des Abbaus melden, kann man beispielsweise zu den Eltern sagen: »Mir fällt auf, daß es für euch schwieriger wird mit dem Einkaufen. Soll ich Euch, wenn ich fahre, etwas aus dem Supermarkt mitbringen?« Manchmal ist es für die Eltern peinlich, wenn sie auf Abbauerscheinungen angesprochen werden, deshalb kann es hilfreich sein, sie umgekehrt um einen Gefallen zu bitten, um ihnen eine Aufgabe zu geben und damit Wertschätzung zu zeigen.

Klare Abmachungen können das Zusammenleben wesentlich erleichtern. Erwartungen beider Seiten müssen so ehrlich wie möglich auf den Tisch. Dazu gehören lebenspraktische Dinge, wie beispielsweise die Fragen »Wer kocht für wen?«, »Wer kann welche Dinge erledigen?«, aber auch Fragen der gegenseitig zu respektierenden Grenzen.

»Die Offenheit, die wir miteinander haben, macht sich auch in anderen Bereichen bemerkbar. Wir sprechen täglich fünf bis zehn Minuten miteinander, aber darüber hinaus zieht sie sich zurück und respektiert unseren Privatbereich. Sie käme auch nie auf die Idee, sich in unser Familienleben einzumischen.«

Diese Situation ist sicherlich ein Glücksfall. Die Mutter wohnt in einer separaten Wohnung im Hause, Kontakt ist ohne Aufwand möglich, sie hat aber auch ihre eigene Intimsphäre. Dies ist ein Beispiel dafür, daß es möglich sein kann, durch Offenheit auf beiden Seiten zu einer praktischen Regelung zu kommen. Wichtig ist, eine Mischung aus Bereitschaft zur Auseinandersetzung und Rücksicht zu erreichen.

Ängste

Es gibt typische Schwierigkeiten der Eltern, mit denen eine große Zahl von Menschen konfrontiert wird. Beispielsweise nehmen mit dem Älterwerden bei den meisten Menschen die Ängste vor Überfällen zu. Diese Ängste können schwer ignoriert werden, zumal sie durchaus reale Grundlagen haben. Kein Mensch kann seine Angst »wegdenken«. Es gehört sicherlich zu unseren Pflichten, damit umzugehen und dem Vater oder der Mutter genügend Schutz einzuräumen. Dies kann nun in unterschiedlicher Art geschehen.

Die Angst vor Überfällen stellt sich meist zu bestimmten Zeiten und an bestimmten Orten ein. Zu den klassischen Situationen gehören alle Bereiche, die mit Geld zu tun haben.

»Ich kann sehr gut verstehen, daß meine Mutter Angst davor hat, alleine auf die Bank zu gehen. Deshalb haben wir jetzt ein-

mal im Monat einen festen Termin verabredet, an dem ich sie begleite.«

Eindeutige Absprachen erleichtern auch hier wieder das Leben beider Seiten. Beide Generationen müssen dabei Kompromisse schließen, wann und wo bestimmte Aufgaben übernommen werden. Die Ängste der Eltern sollten jedoch immer ernst genommen bzw. hinterfragt werden, auch wenn es manchmal schwierig ist, ein Mittelmaß zwischen Überbehütung und Überforderung zu finden.

Zu den häufigsten Ängsten zählen auch die Ängste vor dem Alleinsein. Vor allem in Urlaubszeiten steigen die Ängste der Eltern. Gerade ältere Menschen können sich in blühenden Farben ausmalen, was ihnen alles passieren könnte. Sie denken an die Gefahr zu stürzen und haben Angst, daß kein Mensch in ihrer Nähe ist, der ihnen hilft. Sie hätten es natürlich am liebsten, wenn wir ständig erreichbar wären.

»Ich habe meiner Mutter klar gesagt, daß ich meinen Urlaub brauche. Ich bin eine berufstätige Frau, und ich werde öfters im Jahr in Urlaub gehen. Ich muß unbedingt diese Freiheit haben, rauszugehen und aufzutanken. Ich habe eine hohe Bereitschaft, ihr zu helfen, aber es muß sich in Grenzen halten. Es ist wichtig, daß ich selbst das Gefühl habe, so ist das Verhältnis in Ordnung. Ich glaube, sonst würden sich viele Aggressionen in mir hochschaukeln.«

Trotzdem wäre es für viele Eltern bzw. Elternteile eine Zumutung, sie über eine längere Zeit alleine zu lassen, und es sollten Lösungen gefunden werden, die für beide Seiten zufriedenstellend sind.

»Meine Verantwortung geht soweit, daß ich organisiere, daß andere nach ihr sehen und mit ihr Kontakt halten. Wichtig ist, daß sie das Gefühl hat, daß jemand da ist, der sich um sie kümmert. Ich würde jedoch deshalb nie meinen Urlaub verschieben.«

Die erste Adresse, um sich Unterstützung zu holen, sind sicherlich die Geschwister bzw. die allernächste Verwandtschaft. Manchmal ist jedoch ein gewisses Durchsetzungsvermögen angebracht, um andere Familienmitglieder zu motivieren. Aber auch Nachbarn können mit einbezogen werden, denn in manchen Situationen sind die Nachbarn oder Freunde vertrauter als die eigene Familie. Notfalls gibt es auch Hilfsdienste, die vorübergehend damit beauftragt werden können, in regelmäßigen Abständen nach den Eltern zu sehen.

Viele ältere Menschen sind in Notsituationen so aufgeregt, daß sie die wichtigsten Telefonnummern vergessen. In vielen Telefonen kann man zwar mehrere Nummern einspeichern und mit Kurzwahltasten abrufen. Aber auch hier ist es für viele Ältere schwierig, sich in der Hektik einer Notsituation an die Kurzwahlnummern zu erinnern. Meist können die dazugehörigen Namen nur mit kleiner Schrift eingetragen werden, und damit sind sie für ältere Menschen fast nicht lesbar. Eine in großen Buchstaben geschriebene Liste mit den Namen der wichtigsten Familienangehörigen und Ärzte, die in der Nähe des Telefons angebracht ist, kann den Eltern viel Sicherheit geben.

Viele leiden unter der Horrorvision, sie könnten einen Schlaganfall haben, hilflos auf dem Boden liegen und keine Möglichkeit finden, sich bemerkbar zu machen. In unserer technisierten Welt gibt es mittlerweile jedoch vielfältige Wege der Kontaktaufnahme. Beispielsweise könnte ein Piepser angeschafft werden, der den Eltern jederzeit die Möglichkeit gibt, die Kinder oder eine Notrufnummer zu erreichen. Hausnotrufzentralen bieten weitere Unterstützung an.

Aktivierung der Eltern

Solange die Eltern noch körperlich und geistig fit genug sind, kann auch die Anschaffung eines Haustieres einen sehr positiven Effekt haben. Die Eltern bekommen wieder eine sinnvolle Aufgabe. Sie müssen sich um das Tier kümmern, es füttern, streicheln und ausführen. Untersuchungen belegen, daß alte

Menschen, die mit Tieren leben, wesentlich seltener unter psychosomatischen Erkrankungen leiden. Dies wird nicht nur durch die körperliche Zuwendung bewirkt, die sie geben und empfangen. Vor allem durch die Anschaffung eines Hundes müssen sich die Eltern selbst viel bewegen und kommen häufig an die frische Luft. Außerdem kann ein Hund einen großen Schutz bieten. Selbst kleine Hunde zeigen zumindest an, wann Gefahr droht. Die Fürsorge für ein Tier stärkt in den meisten Fällen den Lebenswillen der alten Menschen. Sie können wieder Verantwortung übernehmen, für das Tier und damit indirekt auch für sich selbst.

Vielen älteren Menschen mangelt es an Ideen, wie sie ihr Leben weiter gestalten können. Vor allem wenn der Partner / die Partnerin bereits gestorben ist, ist es wichtig, Anerkennung zu suchen und Kontakt zu anderen zu haben. Bei Eltern, die zeitlebens sehr symbiotisch und zurückgezogen gelebt haben, sind häufig Anregungen durch die Kinder nötig, um neue Ideen zu bekommen.

Mittlerweile gibt es ein sehr großes Angebot für Senioren. Diese Offerten richten sich an ältere Menschen, die noch rüstig genug sind, um relativ selbständig an den unterschiedlichsten Programmen teilzunehmen. Zahlreiche Träger wie beispielsweise Altentagesstätten, Begegnungsstätten, Altenklubs usw. bieten von Sport- bis Bastelgruppen viele verschiedene Aktivitäten an.

Häufig haben jedoch alte Menschen Hemmungen, sich neuen Gruppen anzuschließen. Auch hier kann wieder eine aktive Rollenumkehrung hilfreich sein. Nun können die Kinder ihrem Vater oder ihrer Mutter anbieten, sie zu einem ersten Gruppentreffen zu begleiten, um ihnen die Scheu vor unbekannten Menschen und die Angst vor neuen Situationen zu nehmen.

Räumliche Trennung

Die weiteren Lebenspläne der Eltern sollten frühzeitig abgeklärt werden. Für viele Eltern ist es selbstverständlich, von sich aus in ein Altersheim zu gehen oder sich Möglichkeiten zu suchen, weiterhin selbständig in ihrer Wohnung zu leben. Andere erwarten automatisch, von ihren Kindern versorgt zu werden. Es ist sinnvoll und wichtig, sich zu Zeiten, in denen es noch möglich ist, mit der Problematik auseinanderzusetzen und rechtzeitig mit den Eltern zu sprechen. Wenn man rechtzeitig über bauliche Veränderungen am Haus diskutiert oder gar den Umzug in eine andere Wohnung erwägt, kann die Selbständigkeit womöglich länger erhalten bleiben.

Die immer stärker werdende Mobilität hat die familiären Strukturen beträchtlich verändert und verändert sie noch. Viele ältere Menschen klagen darüber, daß ihre Kinder weit weg in anderen Städten leben. Aus der »Kind«-Perspektive gesehen nimmt die Distanz zu den Eltern in der Regel tatsächlich mit der zunehmenden, trennenden Kilometerzahl zu. Über Telefon läßt sich selten die gleiche Intensität halten wie im persönlichen Kontakt. Räumliche Distanz wird manchmal als Ausrede benutzt, nicht helfen zu können. Oft entsteht dadurch aber auch eine tatsächliche Hilflosigkeit. Wie kann ich meinen Eltern helfen bei dieser Entfernung? Je größer die räumliche Distanz, desto einfacher ist es für uns Kinder, uns das Bild der starken Eltern zu erhalten. Und je länger wir uns dies erhalten, desto größer werden die Angst und die Schuldgefühle, verändernd in das Leben der Eltern einzugreifen.

Doch darf nicht übersehen werden, daß sich auch die Elterngeneration allmählich ändert. Sicherlich wollen die meisten Eltern intensiven Kontakt zu ihren Kindern und wünschen sich, in deren Nähe zu leben. Aber viele Eltern sind vitaler und beweglicher als die vergleichbare Generation vor einigen Jahrzehnten. Denn nicht nur wir, auch die älteren Menschen selbst sind mobiler geworden, ein Trend, der sich vermutlich in den nächsten Jahren noch weiter fortsetzen wird.

Eine große räumliche Distanz zwischen den Wohnorten sollte bei einigermaßen rüstigen Eltern für die Angehörigen kein Anlaß mehr sein, Schuldgefühle in bezug auf die Einsamkeit der alten Herrschaften zu entwickeln.

Akzeptieren der eigenen Grenzen

Im Umgang mit den alternden Eltern ist es unabdingbar, die eigene persönliche Balance zwischen Hilfsbereitschaft und Selbstaufgabe zu finden. Viele Kinder können diese nur schwer erkennen; es erfordert nicht nur die Offenheit im Gespräch mit den Eltern, sondern auch zunächst einmal viel Offenheit sich selbst gegenüber.

»Ich habe kein Problem damit, ihr am Morgen die Zeitung hochzubringen oder täglich mit ihr ein paar Minuten zu sprechen, aber darüber hinaus brauche ich meine Freiheit. Wichtig ist, die eigene Grenze zu finden, ohne daß bei den einen das Gefühl da ist: ›Ich krieg zu wenig‹, und bei den anderen: ›Ich muß zuviel tun‹.«

Es ist manchmal nicht leicht, sich selbst die eigenen Grenzen einzugestehen, und trotzdem ist diese Ehrlichkeit mit uns selbst von großer Bedeutung. Selbstverleugnung und Überforderung sind meist nur für einen bestimmten Zeitraum möglich, dann holen uns unsere Gefühle in der Regel immer wieder ein. Unsere persönliche, vielleicht nicht oder zu wenig wahrgenommene Grenze kann sich in Unzufriedenheit ausdrücken, aber auch durch Aggressionen. Bevor wir vor einem Scherbenhaufen sitzen, sollten wir lieber in uns gehen und überprüfen, wie weit und an welchen Punkten wir wirklich bereit sind, Kompromisse zu schließen, d.h. wie weit wir gehen können und wollen. Dieses Wissen über uns selbst kann uns helfen, mit Klarheit in ein Gespräch mit den Eltern zu gehen, ohne uns selbst aufzugeben.

Zusammenfassung der Hinweise:

- Geduld aufbringen
- Offene Gespräche und klare Absprachen
- Verwandte und Freunde mit einbeziehen
- Unterstützung für den Alltag:
  - Großer Übersichtskalender
  - Erstellen eines Tages- bzw. Wochenplans
  - Gedächtnistraining
- Umgang mit Ängsten:
  - Begleitung bzw. Organisation eines Fahrdienstes
  - Telefonliste
  - Piepser
- Aktivierung der Eltern:
  - Haustier
  - Altentagesstätten
  - Begegnungsstätten
  - Sport- und Bastelgruppen
  - Altenklubs
- Wohnsituation besprechen
- Akzeptieren der eigenen Grenzen

2.

Wenn die Selbständigkeit verloren geht

Der langsame Abbau bei den Eltern kommt ab einem bestimmten Grad zu dem Punkt, an dem es nicht mehr möglich ist, die Situation weiterhin zu ignorieren. Viele Eltern kämpfen nicht mehr nur mit ihren »Zipperlein«, die den Alltag ein wenig erschweren. Es setzen allmählich auch Alterskrankheiten ein, die in somatische und psychische Krankheiten unterteilt werden können.

Zu den somatischen Alterserkrankungen gehören Herz- und Kreislaufbeschwerden, Hirngefäßerkrankungen wie beispielsweise Schlaganfall (dritthäufigste Todesursache), Erkrankungen des Zentralen Nervensystems (z.B. Parkinson), Erkrankungen des Stütz- und Bewegungsapparats wie beispielsweise Osteoporose, Krebs, Diabetes mellitus und Erkrankungen der Sinnesorgane, vor allem Schwerhörigkeit und Augenkrankheiten wie Grauer Star usw. Zu den psychischen Erkrankungen zählen alle Hirnleistungsstörungen wie beispielsweise Alzheimer oder Depressionen sowie psychische Störungen wie Angstzustände, Verwirrtheit und Suizidgefährdung.

Diese Krankheiten und die zunehmende Einsamkeit führen dazu, daß – wie Untersuchungen ergeben haben – alte Eltern klassischerweise in vier Bereichen Unterstützung brauchen:

• emotional
• in der direkten Versorgung
• beim Umgang mit Organisationen und Behörden
• im finanziellen Bereich

In vielen Fällen nehmen die körperlichen Gebrechen der älteren Menschen in einem solchen Umfang zu, daß es ihnen kaum mehr zuzumuten oder auch nicht mehr möglich ist, allein einen eigenen Haushalt zu führen. Oder sie sind in einem Maße vergeßlich geworden, daß ein täglicher Kontakt notwendig wird, um größere Unglücksfälle zu verhindern. Konkrete Hilfsmaßnahmen müssen überlegt werden. Wo und mit welcher Unterstützung können die Eltern in Zukunft wohnen und leben?

Wo sollen die Eltern in Zukunft wohnen?

Bei der Entscheidung über den weiteren Wohnort der Eltern spielen mehrere Kriterien eine wichtige Rolle:

1. das Ausmaß der Pflegebedürftigkeit,
2. die eigenen finanziellen und zeitlichen Ressourcen und
3. die emotionale Beziehung zu den Eltern.

Diese Kriterien unterliegen keinen Gewichtungen. Jedes sollte für sich gesehen gründlich abgewogen werden, damit sich die Tochter oder der Sohn, unabhängig von der Meinung der Eltern, erst einmal selbst ein Bild machen kann. Im Anschluß daran sollten vor der Entscheidung die tatsächlich möglichen Wohnorte überprüft werden.

Ausmaß der Pflegebedürftigkeit

Der physische Abbau der Eltern kann sich schleichend durch zunehmend mehr Gebrechen einstellen, beispielsweise durch eine körperlich sehr einschränkende Krankheit wie Parkinson oder Multiple Sklerose, oder auch plötzlich durch einen Unfall eintreten.

Bei der Form des allmählichen physischen Abbaus gibt es meist zwei unterschiedliche Arten von Reaktionen. Manche Eltern wollen diese Situation kaum wahrhaben und versuchen zu vertuschen, was zu vertuschen ist. Andere nehmen ihre Veränderung mit Sorge zur Kenntnis und machen sich frühzeitig Gedanken, wie ihr Leben nun weitergehen soll.

Wenn die Eltern versuchen zu verdrängen und ihren Zustand zu vertuschen, ist es sehr heikel zu entscheiden, inwieweit es angebracht ist, die Mutter oder den Vater auf diese Situation anzusprechen und sie zu Veränderungen zu drängen. Immerhin muß dabei bedacht werden, daß sie offensichtlich noch einen Großteil ihres Alltags bewältigen können, wenn auch nicht zu unserer Zufriedenheit. Doch genau an diesem Punkt stellt sich die Frage: Wem zuliebe müssen die Eltern mit ihrer aktuellen Situation konfrontiert werden? Wird die Situation für die Eltern tatsächlich besser, wenn wir sie drängen, Veränderungen in ihrem Leben herbeizuführen?

Diese Fragen sind sehr grundsätzlicher Art. Eine detaillierte Bestandsaufnahme der Situation ist eine gute Voraussetzung, um die notwendigen Schritte genau zu planen. Lebt der Vater beispielsweise in einer Wohnung, die zwar seinen, aber nicht mehr unseren Sauberkeitskriterien entspricht, oder zittert er inzwischen so stark, daß er nicht mehr selbständig kochen kann?

Fragen wie diese können dazu dienen, sich darüber klar zu werden, wo die Problematik liegt. Geht es um einzelne Punkte, die nur uns Kindern ein Dorn im Auge sind, handelt es sich um partielle Defizite, die durch Umorganisation des Alltags bewältigt werden können oder besteht eine stärkere Behinderung? Die Frage, wie die Perspektive der Eltern langfristig aussehen wird, muß sicherlich auch zu dieser Überlegung mit herangezogen werden.

Bei der Entscheidung, ob die Eltern bzw. ein Elternteil selbständig in ihrer Wohnung bleiben können, spielt ihre eigene Haltung eine wichtige Rolle.

»Mein Vater war ungefähr vier bis fünf Monate tot, da stellte sich heraus, daß meine Mutter nichts mehr machte, wenn sie alleine war. Für mich war das schwierigste Problem: Was ist da

tatsächlich los? Ist das jetzt ein Nicht-Können oder ein Nicht-Wollen?«

Oft ist dies nicht genau zu bestimmen. Es handelt sich um Prozesse, die Hand in Hand gehen. Mal steht der eine Aspekt, mal der andere im Vordergrund. Manchmal können die Eltern sich tatsächlich kaum bewegen und versorgen, manchmal wollen sie dies auch nicht. Die Gründe hierfür können unterschiedlichster Art sein. In vielen Fällen ist das Nicht-Wollen auch ein Ausdruck mangelnden Lebenswillens, eine Form des Sich-Aufgebens durch Verweigerung lebenserhaltender Handlungen.

Besonders schwierig wird die Situation, wenn kaum zu unterscheiden ist, ob es sich bei der Verweigerungshaltung bzw. Verleugnung bestimmter Dinge um eine Art Altersstarrsinn handelt oder um mentale Abbauprozesse.

»Ich habe zu meiner Mutter gesagt, daß sie ihre Bluse nun schon die zwölfte Woche trägt, aber sie behauptete, daß sie sie gerade frisch angezogen hätte, obwohl die zwölf Wochen durchaus zu riechen waren. Ich habe ihr gesagt: ›Mama, du brauchst Hilfe. Ich kann nicht jeden Tag zu dir kommen.‹ Aber sie meinte sofort: ›Nein, ich kann alles allein machen.‹ Ich habe einfach keine Möglichkeit, an sie ranzukommen.«

Natürlich ist die Entscheidung in vielen Fällen eine Gratwanderung, aber ab einem bestimmten Punkt der eigenen Unsicherheit müssen die Eltern tatsächlich mit ihren Abbauprozessen konfrontiert werden, auch wenn sie selbst versuchen, nicht hinzusehen und ihre Probleme vor sich und anderen zu verstecken. Ein Kriterium zur Verantwortungsübernahme könnte beispielsweise die Selbst- und Fremdgefährdung der Eltern sein. Wenn Eltern, die unter extremen Sehstörungen leiden, nach wie vor Auto fahren, sind beide Kriterien erfüllt. Sie gefährden damit nicht nur sich selbst, sondern auch andere Menschen.

Wenn keine Möglichkeit mehr besteht, sich mit den Eltern in einem Gespräch über ihre Lage auseinanderzusetzen, muß die Entscheidung von den Kindern allein getroffen werden. Aber wie weitreichend die Überlegungen sind, hängt auch davon ab, ob die Pflege selbst oder durch offizielle Pflegedienste übernommen werden soll.

»Ich stand plötzlich vor dem Problem, daß ich professionelle Hilfe benötigte. Meine Mutter war nicht mehr in der Lage, sich anzuziehen, sich selbst etwas zu kochen oder abzuspülen. Und ich wohne zu weit weg, um täglich zu ihr zu kommen. Sie brauchte jemanden, der ihr sagte, was jetzt zu tun sei. Ich merkte, es wurde immer schlimmer. Zum Schluß genügte es nicht mehr, ihr zu sagen, daß dieses oder jenes jetzt zu tun sei, ich merkte nämlich, daß sie mich beschwindelte. Wenn ich sie fragte, sagte sie immer: ›Ja, hab ich gemacht, ich habe die Teller abgespült‹, aber wenn ich kam, war alles verdreckt. Das stimmte gar nicht, was sie sagte.«

Ressourcen

Bei allen Überlegungen spielen auch finanzielle Aspekte keine unerhebliche Rolle, denn man kann zwar viele sinnvolle Pläne schmieden, aber sie müssen auch umsetz- bzw. finanzierbar sein. Die Rente der Eltern, die eigenen Einkünfte und die Erstattung durch das neue Pflegegesetz sind wichtige Kriterien für Entscheidungen. Trotz der staatlichen Hilfe ist es für viele Menschen nach wie vor schwierig, tatsächlich einen Heimplatz zu bezahlen.

Im Rahmen der allgemeinen Preissteigerungen sind auch die Kosten für Alters- und Pflegeheime ganz enorm gestiegen. Ein Pflegeheimplatz kostet derzeit ungefähr 4500 DM monatlich. Die Pflegeversicherung zahlt bei stationärem Aufenthalt bei Pflegestufe I 2000 DM, bei Pflegestufe II 2500 DM und bei Pflegestufe III 2800 DM. In wenigen Härtefällen werden auch bis zu 3300 DM erstattet. Allerdings werden insgesamt höchstens 75 Prozent der Heimkosten ersetzt. Der restliche Betrag muß entweder von den Angehörigen übernommen oder – bei Bedürftigkeit – durch das Sozialamt abgedeckt werden.

Aber auch wenn finanzielle Aspekte keine Rolle spielen, so ist doch der eigene zeitliche Rahmen bei allen Entscheidungen ein wichtiger Fixpunkt. Inwieweit ist es mir möglich, mich ausreichend um meine Mutter bzw. meinen Vater zu kümmern? Welches Maß an Unterstützung ausreichend ist, muß eigens bestimmt werden – mit den Eltern, vielleicht aber auch ohne sie.

Durch ihre starke berufliche Einbindung ist es heute vielen Menschen rein zeitlich nicht möglich, die Pflege ihrer Eltern zu übernehmen. Wenn dann die Eltern zu weit entfernt wohnen, bleibt oft keine andere Wahl, als ein Altersheim zu suchen, denn ein Umzug der Eltern in die Nähe ihrer Kinder ist nur dann sinnvoll, wenn sie vor Ort auch betreut werden können. Anderenfalls wäre dies in vielen Fällen nur eine sinnlose Entwurzelung, die unnötigerweise falsche Hoffnungen auf einen intensiven Kontakt wecken würde. Können diese Hoffnungen schließlich doch nicht in dem Maße erfüllt werden, werden die Eltern durch einen Wegzug aus ihrer gewohnten Umgebung nur in ein noch einsameres Leben gedrängt.

Auch wenn man die Eltern im eigenen Haus mit aufnimmt, muß man sich darüber im klaren sein, daß sie sehr viel an Zuwendung brauchen, d.h. auch hier sollten sehr viele zeitliche Ressourcen zur Verfügung stehen.

Emotionale Beziehung

Die emotionale Seite ist eine weitere wichtige Komponente bei der Entscheidung über den zukünftigen Wohnort der Eltern. Wer als Kind plötzlich mit der veränderten Lebenssituation der Eltern und den damit verbundenen Anforderungen konfrontiert wird, ist manchmal nicht in der Lage, das eigene Denken bzw. Leben umzustellen, um sich ihren Erwartungen bzw. Bedürfnissen anzupassen.

»Das Problem wurde für mich stärker, als mein Vater gestorben war. Zurück blieb eine total kindliche Frau. Mein Vater hatte ihr immer alles abgenommen. Jetzt gab es keine steuernde In-

stanz mehr. Sie schwamm ständig in Tränen. Ich war emotional völlig aufgeschmissen, als ich plötzlich vor der Entscheidung stand, wie es mit meiner Mutter weitergehen soll. Ich habe zu meiner Mutter nie ein gutes Verhältnis gehabt. Für mich war meine Mutter ein Mensch, der mich ziemlich allein gelassen hat.«

Viele Angehörige sind in einer derartigen Situation emotional völlig hilflos. Plötzlich wird ein Ausmaß an Hilfsbedürftigkeit deutlich, das vorher durch den pflegenden Elternteil aufgefangen wurde und dadurch für Außenstehende wenig sichtbar war.

Solange man sich jedoch mit den Eltern verbal auseinandersetzen kann, ist noch ein gleichberechtigter Austausch möglich. Wir können unter diesen Bedingungen auch unsere Wut und unseren Ärger kundtun, selbst wenn wir sicherlich in den meisten Fällen unseren Eltern gegenüber zurückhaltend sind. Bauen die Eltern hingegen mental ab, müssen wir lernen, unsere Gefühle, vor allem unsere Ungeduld und unsere Aggressionen an anderen Orten auszuleben.

Nun darf auch hier nicht übersehen werden, daß Pflegebedürftigkeit aus Gründen entstehen kann, die bei der Kindergeneration nur Abscheu und Aggression erwecken. Es gibt beispielsweise Eltern, die aufgrund ihres Alkoholismus pflegebedürftig werden, und deren Kinder über Jahrzehnte hinweg unter den Auswirkungen des Alkoholmißbrauchs zu leiden hatten.

»Es war mir einfach nicht möglich, mich um meine Mutter zu kümmern. Seit ich mich daran erinnern kann, sehe ich sie die meiste Zeit betrunken vor mir. Manchmal hatten wir Kinder kaum was zu essen, weil sie unfähig war, aufrecht zu stehen und zu kochen. Wenn ich sie heute anschaue, tut sie mir schon leid, aber wenn ich mir vorstelle, ich müßte sie pflegen, dann dreht sich mir der Magen um.«

Die Entscheidung, für die Eltern ein Altersheim zu suchen, ist oft – neben den äußeren Zwängen – auch durch eigene emotionale Grenzen bedingt. In der Vergangenheit sind manchmal Dinge geschehen, die starke innere Narben hinterlassen haben und eine Pflege emotional unmöglich machen.

Aber neben der emotionalen Abwehr, die in der gemeinsamen Lebensgeschichte begründet ist, werden viele Kinder auch aktuell durch die schwierige Situation der Eltern emotional überfordert. Gerade bei zunehmendem mentalem Abbau des Vaters oder der Mutter wird die nahende Belastung oft bereits vorab spürbar. Eine Entscheidung für ein Heim kann unter Umständen die für alle Beteiligten bessere Lösung sein.

»Ich habe irgendwann gemerkt, ich arbeite immer verzweifelter und verzweifelter an dem Problem, und ich krieg das nicht auf die Reihe. Ich kann meine Mutter nicht stoppen in ihrer Art, immer fremde Leute einzuschalten und gegen mich aufzubringen. Diese ständigen Verleumdungskampagnen habe ich allmählich satt.«

Trotzdem ist die Entscheidung für ein Altersheim emotional oft nicht so leicht zu treffen. Der innere Druck und die Angst vor Schuldgefühlen ist für viele Menschen ein wichtiger Grund, die Pflege zu übernehmen. Doch auch wenn die Angehörigen ein hohes Maß an Bereitschaft für ein neues Lebensarrangement mitbringen, kann es immer wieder zu Situationen kommen, in denen die vielfältigen Veränderungen des Alltags die zu pflegende Person verwirren. Durch die ständige Überforderung auf seiten der Pflegenden entstehen manchmal Frustration und Wut.

Wutgefühle bei den Kindern können sich besonders dann entwickeln, wenn die Pflege der Eltern aus rein finanziellen Aspekten übernommen wird. Die Rente der Eltern und die eigenen finanziellen Mittel reichen oft nicht aus, um genügend Hilfe von außen zu holen bzw. ein Altersheim zu bezahlen.

Viele Eltern haben klare Ansprüche an ihre Kinder. Sie haben das Gefühl, nachdem sie über Jahre hinweg für ihre Kinder gesorgt haben, nun selbst an der Reihe zu sein. Diese Anspruchshaltung kann leicht in eine Vorwurfshaltung der Eltern kippen, wenn die Ansichten oder auch die Möglichkeiten von uns Kindern sich nicht mit ihren Vorstellungen decken. Vor allem in einer Beziehung, die durch einen starken Zwiespalt zwischen Haß und Liebe geprägt ist, kann es häufig zu gegenseitigen Vorwürfen kommen.

Die emotionale Komponente kann also vielfältige Gesichter, aber auch unterschiedlichste Hintergründe haben. Wichtig ist, sich bei der Entscheidung diesen Aspekten zu stellen und sich wirklich mit den eigenen Gefühlen auseinanderzusetzen.

Entscheidung

Die drei oben genannten Kriterien sind wichtige Faktoren bei den anstehenden Entscheidungen über den zukünftigen Wohnort und die Betreuung der Eltern. Es ist sinnvoll, vor Ort die konkreten Möglichkeiten genau zu sondieren. Bevor ein endgültiger Entschluß fällt, sollten so viele Informationen wie möglich eingeholt werden. Es ist wichtig, sich ein klares Bild von den potentiellen Örtlichkeiten und den finanziellen Gegebenheiten zu verschaffen, und natürlich muß – soweit wie möglich – der Wille der Eltern mit einbezogen werden.

1. Betreutes Wohnen

Mittlerweile gibt es vielfältige Angebote für alte Menschen, die mit dem ursprünglichen Konzept des Altenheims nichts mehr zu tun haben. Durch die Veränderung der gesellschaftlichen Struktur sind neue Wohnmodelle für ältere Menschen entstanden. »Eigenheim statt Altenheim« ist die Devise, mit der viele Immobilien- und Wohnungsbaugesellschaften locken.

Durch das sogenannte Betreute oder Service-Wohnen erhalten die Eltern die Möglichkeit, weiterhin selbständig zu leben, aber mit der Sicherheit, im Notfall Unterstützung unterschiedlichster Art zu bekommen. In einigen Wohnanlagen werden nicht nur betreuerische und hauswirtschaftliche Hilfen, sondern auch pflegerische Unterstützung angeboten. Inwieweit dieser Service mit enthalten ist, sollte jedoch vorab überprüft werden.

Die Wohnanlagen des Betreuten oder Service-Wohnens ermöglichen es den älteren Menschen, weiterhin sozial eingebunden zu sein. Die baulichen Voraussetzungen berücksichtigen die speziellen Bedürfnisse der Bewohner und sind durch ihre Gestaltung kommunikationsfördernd für alle Bewohner. Meist leben in diesen Wohneinheiten auch jüngere Menschen, so daß nicht die Gefahr von Altenghettos besteht.

In der ganzen BRD verteilt gibt es unterschiedliche Projekte, die diese Art des selbständigen Wohnens anbieten. Es handelt sich um zum Teil öffentlich geförderte Altenwohnungen, in denen Menschen ab etwa dem 60. Lebensjahr leben können. Welche Serviceleistungen die Eltern in Anspruch nehmen wollen und können, wird vorab im Betreuungsvertrag festgelegt.

Vor allem für ältere Menschen, deren Angehörige weit entfernt leben, bietet diese Wohnform große Vorteile. Im Grundservice sind meistens eine Tag und Nacht besetzte Notrufzentrale, pflegerische (Erst-) Versorgung und Hilfestellungen unterschiedlichster Art inbegriffen, aber auch kulturelle Angebote und/oder Schwimmbäder. Häufig gibt es darüber hinaus Wahlleistungen wie Wäsche- und Wohnungsreinigung, Mittagessen und Serviceleistungen wie Friseur, Fußpflege usw.

Finanzielle Bedenken lassen sich in vielen Fällen ausräumen, da diese Wohnformen meist subventioniert werden. Durch die Förderung mit Mitteln aus dem Sozialen Wohnungsbau liegen die realen Kosten kaum über den durchschnittlichen Mietpreisen. Um einem Mißbrauch vorzubeugen, wurden zum Teil staatlicherseits Mindestvoraussetzungen für derartige Wohnprojekte festgelegt. Adressen sind im Anhang dieses Buches zu finden (siehe auch Wohlfahrtsverbände und Literaturliste für ausführlichere Adressverzeichnisse).

2. Altersheim

Das Wort »Altersheim« löst in vielen Menschen ein starkes Schreckensbild aus. In Gedanken tauchen alte Leute auf, deren

Pflege aufs absolut Notwendige beschränkt wird, und Langeweile bis Apathie in Mehrbettzimmern. Sicherlich traf in früheren Zeiten vieles davon zu, und teilweise finden sich auch heute noch derartige Zustände, denn leider verschlechtern sich im Zuge der allgemeinen Sparmaßnahmen die Bedingungen in den Altersheimen zum Teil wieder.

Hinter dem Wort »Altersheim« verbergen sich – formal gesehen – drei Typen von Wohnmöglichkeiten, nämlich das wohnorientierte Altenwohnheim, das wohn- und pflegeorientierte Altenheim und das pflegeorientierte Altenheim. Mittlerweile sind die Übergänge jedoch fließend. Trotzdem ist es sicherlich wichtig, das Altersheim sorgfältig auszusuchen. Einige Kriterien könnten sein:

- Einzel- oder Mehrbettzimmer?
- Größe des bzw. der Zimmer?
- Ist eine Eigenmöblierung zugelassen?
- Hat jedes Zimmer ein separates Bad?
- Wie ist die Versorgung im Pflegefall?
- Wie zentral ist das Heim gelegen?
- Wie hell ist die Einrichtung?
- Gibt es die Möglichkeit, ein Tier mitzubringen?
- Wie ist der Brandschutz?

Laut Heimgesetz müssen in einem Vertrag vorab die Bedingungen und Leistungen des Heimes sowie die Rechte und Pflichten der Heimbewohner genau Punkt für Punkt festgelegt werden.

Je autonomer die alten Menschen leben können, je mehr sie von ihren bisherigen Lebensgewohnheiten beibehalten können, desto wohler fühlen sie sich in der Einrichtung. Vorbildlich sind die Altenwohnstifte, in denen beispielsweise die Senioren in eigenen Appartments leben können und in denen sehr viel Wert auf gesellschaftliche und kulturelle Veranstaltungen gelegt wird.

Doch diese Lebensqualität muß natürlich auch bezahlt werden können. Die Pflegeversicherung kommt nur für Kosten auf, die mit der Pflege zusammenhängen. Alle weiteren Kosten müssen die Heimbewohner selbst decken. Abgesehen von dem nicht unerheblichen finanziellen Problem ist es auch oft mit Schwierigkeiten verbunden, einen Heimplatz zu bekommen, da viele Heime über Jahre ausgebucht sind. Deshalb ist es sinnvoll, sich rechtzeitig anzumelden. Im Falle einer Meinungsänderung kann man sich schließlich wieder abmelden, was wesentlich einfacher ist, als kurzfristig einen guten Heimplatz zu erhalten.

3. Im eigenen Haus aufnehmen

Das Angebot an die Mutter oder den Vater, mit in das eigene Haus zu ziehen, mag von den Kindern gut gemeint sein. Zunächst sollte aber geklärt werden, ob die Eltern tatsächlich Interesse daran haben. Manche Eltern schätzen ihre Unabhängigkeit und die Ruhe, in der sie leben. Die Vorstellung, in das Haus ihrer Kinder zu ziehen und zusammen mit den Enkelkindern zu leben, mag für einige alte Menschen sehr positiv besetzt sein, für andere ist es ein Horrorszenario.

Viele Eltern leben seit Jahren bzw. Jahrzehnten in derselben Wohnung und haben um sich herum einen vertrauten Kreis von Freunden und Bekannten, kennen ihre Wege und wissen, wo sie ihre Besorgungen machen können. Aus ihrer Wohnung ausziehen zu müssen, käme für sie einer totalen Entwurzelung gleich.

Der Einzug der Eltern und das gemeinsame Leben im gleichen Haus sollten vorab gut geplant und besprochen werden, da häufig unterschiedliche Erwartungen aufeinander prallen. Die meisten Eltern erhoffen sich sehr viel Kontakt, gemeinsame Fernsehabende, Ausflüge, Urlaube usw.

»Als meine Schwiegermutter zu uns zog, übernahm sie automatisch das Fernsehprogramm. Es war klar, daß der Fernseher immer lief. Jeden Abend saß sie mit uns im Wohnzimmer. Ich hielt über lange Zeit meinen Mund, und mein Mann wagte es nicht, seiner Mutter etwas zu sagen. Nach einer Weile explodierte ich und schrie sie an. Ich weiß, daß dies auch nicht die richtige Methode war, aber zumindest kamen wir, als die Wogen wieder etwas geglättet waren, ins Gespräch. Und jetzt hat sie ihren eigenen Fernseher im Zimmer und ist aber auch immer wieder mit

uns zusammen. Wir hätten uns allen einiges erspart, wenn wir gleich mit ihr geredet hätten.«

Es ist sinnvoll, sich den eigenen Tagesrhythmus Schritt für Schritt vor Augen zu führen, um sich genau zu überlegen, an welchen Punkten man die Eltern in das Familienleben integrieren kann, und wo es zu Problemen kommen könnte. Derartige Fragen können lauten:

- Welche Regeln sollen im Bad gelten?
- Wie gehen wir mit den Eltern bei Abendeinladungen im Haus um?
- Wieviel Mithilfe erwarten wir und wo?
- Haben wir das Recht, auch noch einen Abend allein zu genießen?
- Sollen sie Miete zahlen?

Dies sind Beispiele für die vielfältigen Überlegungen und Schwierigkeiten, die auftauchen können und deshalb vor dem Einzug überlegt und besprochen werden sollten.

Die oben genannten Punkte dienen als wichtige Grundlagen für unsere Entscheidungsfindung, die ersten Fragen sollten jedoch lauten:

- Was wollen die Eltern selbst?
- Wollen sie in ihrer gewohnten Umgebung bleiben oder ist ihnen ein Umzug willkommen?
- Welche Einstellung haben sie selbst zu ihrem potentiellen künftigen Wohnort?

Erst danach stellt sich die Frage nach den individuellen Fähigkeiten der Eltern:

- Können sie in ihrer eigenen oder in einer Wohnung in der Nähe ihrer Kinder leben und sich selbst versorgen?
- Können einige Probleme mit Hilfsdiensten ausgeglichen werden?

In der Konsequenz entstehen die Fragen an uns selbst:

- Ist das eigene Haus oder die Wohnung geräumig genug, um den Vater oder die Mutter aufzunehmen?

- Welche Meinung haben unsere Kinder dazu?
- Haben wir genügend Zeit für die Pflege?
- Wie hoch ist unsere eigene Bereitschaft zur Hilfe?

All diese Fragen können zu einer Entscheidung beitragen. Doch es ist nicht möglich, zu einer bestimmten Entscheidung zu raten. Diese speziellen Fragen können Klarheiten in die schwierige Situation bringen, doch die emotionale Seite muß jeder für sich selbst betrachten und tragen.

Manche Kinder, vor allem Einzelkinder, können in einen schweren inneren Konflikt kommen, da sie das Gefühl haben, sich zwischen ihrem Partner bzw. Partnerin und den Eltern entscheiden zu müssen. Manche definieren diesen Konflikt in dieser zugespitzten Form und machen sich damit das Leben schwer. Denn gerade in Streßsituationen setzen sich viele Menschen Scheuklappen auf und sehen keine anderen Aspekte mehr. Doch geht es wirklich darum, sich zwischen diesen beiden zu entscheiden? Gibt es nicht auch noch andere Möglichkeiten? Ist die Entscheidung wirklich ein Entweder-Oder?

Der Entschluß, die Eltern in ein Altersheim zu geben, ist nicht automatisch eine Entscheidung gegen den Vater oder die Mutter. Aus den genannten Gründen kann es sogar im Interesse der Eltern sein, außerhalb des eigenen Hauses eine Versorgungsmöglichkeit für sie zu suchen. In bestimmten Situationen ist es vielleicht sogar vermessen zu denken, man selbst könne die beste Pflege geben.

Auch wenn die Eltern im Altersheim leben, kann die Verbindung zu ihnen nach wie vor aufrechterhalten werden. Die Häufigkeit des Kontaktes kann man seinem eigenen Lebensrhythmus entsprechend anpassen und die Eltern so oft sehen, wie man selbst möchte bzw. es einrichten kann. Man kann auch im Altersheim einen Teil der Pflege weiterhin übernehmen. Viele Heime sind sogar dankbar, wenn sie Unterstützung von den Angehörigen bekommen.

Gespräch mit den Eltern

Es ist in den meisten Fällen nicht leicht, mit den Eltern über das Thema »Zukunft« zu sprechen, denn viele ältere Menschen scheuen sich davor, sich mit dem Problem des Älterwerdens oder auch mit dem Gedanken eines Umzugs zu beschäftigen. Viele blocken diese Themen von sich aus ab, und es bleibt scheinbar nur die Möglichkeit, ihre aktuellen Probleme so gut wie möglich zu mildern.

Aber gerade im Hinblick auf die Zukunft und auf noch zu erwartende Komplikationen kann es ab einem bestimmten Punkt notwendig sein, mit den Eltern rechtzeitig über diese Angebote zu sprechen. Doch wie kann man so ein heikles Thema anschneiden?

Ein guter Gesprächseinstieg ist meist, zunächst über sich selbst zu sprechen: »*Ich* habe mir in der letzten Zeit viele Gedanken über euch gemacht. Ich habe darüber nachgedacht, welche Zukunftspläne ihr wohl habt.« Mit einem derartigen Einstieg zeigt man den Eltern, daß man in Gedanken bei ihnen ist und sie wertschätzt. Falls die Eltern auf das Thema nicht genügend einsteigen, muß man genauer nachfragen: »Ich bin gerade dabei, selbst einige Pläne zu schmieden und wollte auch von euch gerne hören, welche Pläne ihr habt und welche Erwartungen an mich bzw. an uns?«

Falls die Eltern tatsächlich schon Hilfe benötigen, kann man dies nicht mehr beschönigen. Man muß das Thema direkt ansprechen: »Ich habe in letzter Zeit beobachtet, daß… , und ich denke, ihr braucht dringend Unterstützung.«

Im Anschluß stellt sich natürlich die Frage, wer diese Hilfe leistet. Und auch in dieser Situation hilft nur Ehrlichkeit: »Ich kann euch leider nur sehr wenig helfen, aber es gibt andere Möglichkeiten… . Was ich für euch tun kann, ist… .«

Es ist sicherlich wichtig, den Eltern auch die eigene Bereitschaft zur Unterstützung zu zeigen, aber auch die Grenzen und deren Begründung. Je transparenter die Gründe für die Eltern werden, desto besser können sie sie in der Regel verstehen.

Übernahme des Finanzmanagements ohne zu entmündigen

Für viele alte Menschen wird es immer schwieriger, den Überblick über ihre Finanzlage zu behalten. Das Managen der unterschiedlichen Bereiche erfordert häufig viel Ordnung und Systematik, die älteren Menschen zunehmend schwerer fällt. Hinzu kommen die immer größer werdenden Anforderungen wie z.b. die oft schwer verständliche Behördensprache, ungewohnte Computerausdrucke und vieles andere mehr. Mit zunehmender körperlicher Einschränkung, aber auch mit einer stärker werdenden Verwirrtheit der Eltern stellt sich den Kindern die Aufgabe, das Finanzmanagement für sie zu übernehmen.

Erste Annäherung

Solange die Eltern geistig fit sind, erleben sie es häufig als persönliche Kränkung, wenn die Kinder Teile der finanziellen Angelegenheiten übernehmen müssen, weil sie selbst aufgrund körperlicher Beeinträchtigungen nicht mehr dazu in der Lage sind. Die Übernahme dieser Aufgaben ist deshalb mit großer Behutsamkeit zu behandeln, um den Eltern nicht das Gefühl von Entmündigung zu geben. Manchmal kann es sinnvoll sein, in Absprache mit ihnen zunächst nur einzelne Teilbereiche zu übernehmen.

»Mein Bruder ist Betriebswirt. Deshalb kümmert er sich schon lange um die Steuererklärung meines Vaters. Das war überhaupt kein Problem. Er wollte immer nur wissen, ob alles geregelt ist. Seit dem Schlaganfall des Vaters kümmert sich mein Bruder auch um die Versicherungen und Rechnungen. Am Anfang hatten wir den Eindruck, daß mein Vater alles mitkriegen wollte. Aber es war klar, daß er durch seine Sprachstörung nichts mehr machen konnte.«

Doch selbst wenn die Situation sehr eindeutig zu sein scheint, muß doch bedacht werden, daß die meisten Eltern unter der Übergabe der Finanzen leiden. In unserem Kulturkreis spricht man nur selten offen über die eigene finanzielle Lage. Manche Menschen bewerten die Offenlegung ihrer Finanzen wie ein Sich-Entblößen vor anderen. Diese Geheimhaltung muß nun manchmal stückweise, manchmal komplett aufgegeben werden, und je nach Situation kann dies bei den Eltern ein starkes Schamgefühl hervorrufen.

Solange ihre physischen Handicaps nur dazu führen, daß es ihnen unmöglich ist, das Haus zu verlassen, können finanzielle Belange gemeinsam bearbeitet werden. Erst bei stärkeren Einschränkungen, vor allem bei mentalem Abbau ist eine Übernahme unumgehbar.

» Als meine Mutter immer starrer wurde, bat ich sie an einem guten Tag um eine Bankvollmacht. Ich konnte dann wenigstens 30 000 DM in Sicherheit bringen und das Geld für sie sinnvoll auf einem Sonderkonto anlegen. Ich habe gedacht, daß ich davon dann immer alles zahlen kann, wenn sie keine Pflegestufe kriegt. Ich hab nicht soviel Geld, daß ich alles übernehmen kann.«

Notwendigkeit der Übernahme

Da die Übernahme des Finanzmanagements vor allem bei einem mentalen Abbau der Eltern notwendig wird, ist gerade in diesem Zustand mit vielen Komplikationen zu rechnen. Häufig können sich die Eltern nicht mehr an die vor kurzem getroffenen Abmachungen erinnern.

» Als meine Mutter den nächsten Kontoauszug erhielt, lief sie im ganzen Haus herum und erzählte allen, ich würde ihre Konten plündern. Das ging so weit, daß ihre Hausbesitzerin mich anrief und mir mit dem Rechtsanwalt drohte, wenn ich meiner Mutter das Geld nicht wieder herausgeben würde.«

Doch es gibt auch andere Varianten. Manchmal beginnen die Eltern, ihr ganzes Geld völlig wahllos zu verschenken. Es geht hier nicht um Großzügigkeit anderen Menschen gegenüber, sondern um den Verlust des Überblicks und der sozialen Wahrnehmung.

»Eines Tages habe ich aus Zufall die Kontoauszüge meines Vaters gesehen. Ich hatte mich bis dahin nie darum gekümmert. Ich wunderte mich, daß er im letzten Monat über 9 000 DM ausgegeben hatte. Durch Zufall hörte ich dann von einer Nachbarin, daß sie ihn öfter auf der Straße gesehen hätte, wie er an fremde Leute Geld verschenkt.«

In Situationen wie diesen kommen viele Angehörige an die Grenze des Erträglichen. Die Eltern können sich dadurch selbst in den finanziellen Ruin treiben. Dieses Beispiel zeigt, daß es tatsächlich in manchen Fällen wichtig und dringend notwendig ist, das Finanzmanagement zu übernehmen und juristische Schritte zu unternehmen.

Gesetzliche Grundlagen

1992 trat das »Gesetz zur Reform des Rechts der Vormundschaft und Pflegschaft für Volljährige« (Betreuungsgesetz – BtG) in Kraft. Seit dieser Zeit gibt es juristisch gesehen die Begriffe »Entmündigung« und »Vormund« nicht mehr. Das neue Gesetz ist Ausdruck eines neuen Blickwinkels auf die betroffenen Menschen. Statt zu bevormunden soll nun durch spezielle Betreuung der Persönlichkeitsschutz verbessert werden. Während in früheren Zeiten – je nach Entmündigungsgrund – die Teilnahme am Rechts- und Geschäftsverkehr automatisch eingeschränkt wurde, werden jetzt vom Vormundschaftsgericht die Entscheidungsbereiche für jeden einzelnen Betroffenen individuell genau festgelegt.

Es wird zwischen der »Personensorge« und der »Vermögenssorge« differenziert. Während die Personensorge sich beispielsweise auf die Zustimmung zu Heilbehandlungen oder auf die

Aufenthaltsbestimmung bezieht, regelt die Vermögenssorge die oben beschriebenen Angelegenheiten. Zum einen werden alle Belange des täglichen Bedarfs geklärt und auch die Vermögensverwaltung geregelt. Zum anderen können auch Ansprüche auf Unterhalt verfolgt werden. Das Vormundschaftsgericht legt darüber hinaus Fristen fest, innerhalb derer das Betreuungsverhältnis überprüft wird.

In den §§ 1896 ff. und § 1906 BGB und §§ 65 – 70n FGG (Gesetz über die Angelegenheiten der freiwilligen Gerichtsbarkeit) wird die Betreuung und Unterbringung betroffener Menschen materiellrechtlich und verfahrensrechtlich geregelt. Dort wird gleichzeitig die Bedeutung von Familie, Bekanntenkreis oder Sozialen Diensten betont, deren Hilfe erstrangig in Anspruch genommen werden soll. Der dahinterstehende Gedanke hebt auf die persönliche Beziehung zwischen den Betreuten und den Betreuern ab. Um dies zu gewährleisten, soll eine Privatperson gefunden werden, die den zu betreuenden Personen vertraut ist. Erst wenn sich im nahen Umkreis niemand findet, wird ein Betreuer bestellt. Betreuungsvereine oder Betreuungsbehörden sollen erst in letzter Instanz die Betreuung übernehmen.

Alle diese neuen rechtlichen Regelungen bedeuten, daß tatsächlich in erster Linie die Kinder die Vermögenssorge für ihre Eltern übernehmen können. Der viel entscheidendere Teil der neuen Gesetzgebung ist die genaue Differenzierung, die auch den Angehörigen eine größere Freiheit gibt, in das Finanzmanagement einzugreifen, ohne das Gefühl zu haben, die Eltern vollkommen zu entmündigen. Diese Entscheidung kann viele Angehörige davon entlasten, Schuldgefühle ihren Eltern gegenüber zu entwickeln.

Wenn man die Verantwortung alleine tragen muß. Die Einzelkindsituation

Die meisten Einzelkinder sind zeit ihres Lebens wohl vertraut mit der zweischneidigen Situation, zwar mit ihren Eltern eng verbunden, ihnen aber auch besonders ausgeliefert zu sein. Viele flüchteten sich während der Kindheit in die Phantasie, wie es wäre, wenn sie Geschwister hätten. Dahinter steckte häufig der Wunsch nach einem Ausweg oder der Gedanke, durch die Existenz anderer Geschwister nicht immer allein für alles verantwortlich gemacht zu werden. Es gab weder Bruder noch Schwester, die auch mal bestraft wurden oder mit denen man sich solidarisieren konnte. Alles mußte allein ertragen werden. Wenn Geschwister da wären – so die Phantasie –, würden sich viele Probleme auf mehrere Personen verteilen. So aber lastete alles allein auf ihren Schultern.

Allein für alles zuständig

Dieses Gefühl wiederholt sich, wenn die Eltern allmählich abbauen. Wieder ist scheinbar kein Entrinnen möglich. Wie in früheren Zeiten sind sie die einzigen Ansprechpartner der Eltern, ohne daß sich das Einzelkind wehren könnte. Manche Einzelkinder haben das Gefühl, sie hätten nur die Wahl, die Eltern entweder zu sich zu nehmen oder unter starken Schuldgefühlen zu leiden.

Der Grad der persönlichen Verpflichtung liegt bei Einzelkindern wesentlich höher als bei Geschwisterkindern. Entsprechend ist auch das Ausmaß der Gefühle stärker einzuschätzen. Einzelkind zu sein, war schon immer ein einsamer Job und ist es jetzt wieder. Die oben genannten Gefühle im Zusammenhang mit der Pflegesituation sind hier in der Regel besonders stark ausgeprägt. Die Frage nach einem Recht darauf, die Pflege zu verweigern, ist für Einzelkinder erheblich schwerer zu beantworten.

Einzelkinder fühlen sich von ihrem gesellschaftlichen Umfeld oft wesentlich stärker kontrolliert als Geschwisterkinder. Mit Geschwistern im Rücken ist es immer noch möglich, eine innere Rechtfertigung zu finden, wenn man zum x-ten Male nach den Eltern gefragt wird und die Vorwürfe der Nachbarn deutlich zu spüren sind.

»Ich konnte meine Mutter einfach nicht zu mir nehmen. Ich habe damals jahrelang mit meinen Schuldgefühlen gekämpft, als ich von ihr weggezogen bin, und alles kam wieder hoch, als sie nun krank wurde. Aber es war mir nur möglich, in großer Distanz zu ihr zu leben, und dabei bleibt es auch jetzt, auch wenn sich meine Nachbarn darüber den Mund zerreißen.«

Enge Beziehung

Die Art der Beziehung zwischen Eltern und Kind wird in den meisten Fällen auch mit dem Älterwerden beibehalten. Vor allem Einzelkinder bekommen oft wenig Freiraum, um sich selbst zu entfalten. Die enge Bindung an die Eltern bleibt auch bei den erwachsenen Kindern bestehen, die ihr eigenes Verhalten in erster Linie aus dem Blickwinkel der Eltern betrachten. Es ist längst nicht mehr nötig, von ihnen in irgendeiner Weise ermahnt zu werden, die Sätze sind längst wohl vertraut und verinnerlicht.

Viele Kinder wohnen weiterhin bei ihren Eltern oder rufen zumindest täglich an. Diese Dynamik entsteht häufig durch den meist unausgesprochenen Auftrag der Eltern an ihre Kinder, immer bei ihnen zu bleiben. Der Auftrag wird beispielsweise dadurch ausgedrückt, daß kein Partner und keine Partnerin den Ansprüchen der Eltern genügen kann. Die Beziehungsdynamik ist sicherlich nicht einseitig, denn auch die Kinder profitieren durch die enge Verbindung zu ihren Eltern. Manche Eltern nehmen ihren erwachsenen Kindern weiterhin viele Aufgaben und Erledigungen ab, die Wäsche wird noch gewaschen und gebügelt, und ein warmes Essen steht immer bereit.

»Meine Tante war alleinerziehende Mutter und hat zeit ihres Lebens für ihren Sohn gesorgt. Als sie dann selbst krank wurde, war er richtiggehend beleidigt. Obwohl sie alles für ihn getan hat, hackte er nur auf ihr rum.«

In manchen Fällen bleiben auch die Kinder in ihrer Anspruchshaltung hängen und erwarten ewig während Bedienung. Der

Verlust der eigenen Bequemlichkeit wird von vielen als eine starke Kränkung empfunden, die für sie schwer zu verarbeiten ist. Manche sind wütend auf ihre Eltern, gerade so als würden diese mit Absicht krank und bedürftig werden, um ihr Kind dadurch zu strafen. Den meisten ist rational klar, daß dies nicht zutrifft, aber die eigene Bedürftigkeit und das Verlustgefühl sind oft stärker als alle vernünftigen Erklärungen, wenn Kinder es nicht schaffen, erwachsen zu werden.

Manche verharren in ihrem Trotz, leugnen die Situation und lassen ihre kranken Eltern – so lange es irgendwie geht – weiterhin für sie sorgen. Andere gehen soweit, daß sie ihre Aggressionen an den Eltern direkt ausleben. Das über Jahrzehnte hinweg erlernte egozentrische Weltbild der Kinder und das Bestehen auf der Befriedigung ihrer egoistischen Bedürfnisse sind einige der Hintergründe, warum viele alte Menschen unter den Wutausbrüchen ihrer Kinder leiden.

Dieses Phänomen findet man sicherlich auch bei Geschwisterkindern, Einzelkinder wachsen jedoch wesentlich häufiger in völliger Überbehütung auf. Da das Familienleben nur auf sie zentriert war, mußten sie sich wesentlich weniger mit dem Problem des Teilens auseinandersetzen, denn alles, was es gab, stand ihnen unhinterfragt zur Verfügung. Der Verlust dieses Verwöhntwerdens wird dadurch als wesentlich schmerzlicher erlebt, nicht zuletzt deshalb, weil es sich um eine neue Erfahrung handelt.

Große Verpflichtung

Andererseits fühlen sich aber die meisten Einzelkinder aufgrund all dieser Annehmlichkeiten stärker verpflichtet, den Eltern im Alter ein wenig davon zurückzugeben. Deren Zuwendungen waren ja ausschließlich für sie, die Kinder bestimmt.

»Meine Mutter hat sich immer um mich gekümmert. Sicherlich war dies auch oft schwierig für mich, und ich habe eine Weile gebraucht, bis ich schließlich selbständig wurde. Sie war eine

71

total resolute Frau, aber eben auch liebevoll. Als sie jetzt so schwer krank wurde, war es natürlich selbstverständlich, daß ich sie pflegte bis zu ihrem Tod.«

Diese Selbstverständlichkeit stellen viele Einzelkinder überhaupt nicht in Frage. Doch kommen einige dabei nicht nur an ihre physischen Grenzen. Manchmal kommen auch alte Erinnerungen hoch, die manche Situationen im aktuellen Alltagsgeschehen schwierig machen. Vor allem der Umgang mit alten, lang angestauten Aggressionen kann häufig zum Problem werden.

»Aber ich muß zugeben, daß ich mich auch überschätzt habe. Ich war oft am Rande meiner Kräfte, und – ehrlich gesagt – es gab auch Tage, wo ich alles verflucht habe. Ich fühlte mich völlig zerrissen. Auf der einen Seite wollte ich ihr helfen, das war ja das Mindeste, was ich ihr jetzt zurückgeben konnte. Aber auf der anderen Seite kam auch ganz viel hoch von früher. Wenn sie mich nicht immer so unterdrückt hätte, wäre einiges in meinem Leben leichter gewesen. Diese Gedanken kamen natürlich vor allem hoch, wenn ich an der Grenze meiner Kräfte war. Manchmal hätte ich schreien und toben und alles kurz und klein schlagen können. Das kann man eigentlich gar nicht sagen, was da an Gefühlen hoch gekommen ist. Ich war selbst ganz erstaunt und verblüfft über mich. Ich bin dann schließlich in Therapie gegangen.«

Das Gefühl, zur Pflege unbedingt verpflichtet zu sein, kann manchmal auch zu schweren sozialen Konsequenzen führen.

»Schau'n Sie, ich hätte doch meine Mutter nie jemandem anderen übergeben können. Sie war doch immer für mich da. Und jetzt, in ihrem Zustand! Das kann ich doch niemandem antun, und ihr schon gleich gar nicht. Ich weiß nicht, ob sie mich noch versteht, aber sie spürt natürlich, daß ich es bin. Und sie ist wie ein kleines Kind. Und wir haben ja sonst niemanden. Man muß halt die ganze Zeit bei ihr sein, und deshalb habe ich jetzt meine

Stelle aufgegeben und versuche, uns mit Heimarbeit durchzubringen. Aber es ist schon oft hart.«

Gefahr der Selbstaufgabe

Solch ein Verhalten grenzt an Selbstaufgabe. Bezeichnend ist der Satz:»Wir haben ja sonst niemanden.« Er zeigt deutlich die Isolation, in die vor allem Einzelkinder geraten können. Durch die enge Verbundenheit mit den Eltern haben manche von ihnen schon vorab wenig Außenkontakte aufgebaut, und diese schlafen dann vollends ein, wenn die Eltern pflegebedürftig werden.

Aus Untersuchungen ist bekannt, daß vor allem pflegende Angehörige, die selbst schon etwas älter sind, durch die intensive Betreuung kaum eine Chance haben, alternative Erfahrungen zu machen, um dann abzuwägen, wie sie selbst im Alter leben möchten.

Durch die Mischung aus Einsamkeit und Angst vor Schuldgefühlen finden manche Einzelkinder keinen Weg, ihre Lage zu verändern. Der Alltag frißt zuviel Energie, als daß sie sich noch weitere Gedanken machen oder gar Pläne zur Veränderung der Situation schmieden könnten.

»Ich hatte einfach Glück. Aus reinem Zufall habe ich beim Arzt eine Frau kennengelernt, die auch ihre Mutter pflegt. Wir kamen ins Gespräch, und sie erzählte, was sie alles sonst noch unternimmt. Sie ist in einer Wandergruppe, mit der sie regelmäßig Ausflüge macht. Für ihre Mutter kommt dann immer eine Betreuerin. Das hätte ich mich vorher nie getraut, aber sie hat dann gesagt, daß ich doch auch mal mitkommen soll. Und das mach' ich jetzt regelmäßig einmal im Monat.«

Erst ermutigt durch eine Leidensgenossin konnte diese pflegende Tochter es sich zugestehen, wieder Freude am Leben zu bekommen. Durch die Beobachtung, daß ihre Bekannte – auch ein Einzelkind – es sich durchaus erlaubte, Hilfe von außen zu holen, konnte sie lernen, mit ihren eigenen Schuldgefühlen besser umzugehen. Früher hätte sie sich Vorwürfe gemacht, wenn sie ihre Mutter allein gelassen hätte, nur um sich selbst etwas zu gönnen.

Schuldgefühle können wesentlich vermindert werden, wenn man merkt, daß andere Betroffene sich Dinge erlauben, an die man selbst nie zu denken wagte. Diese Erkenntnis ist wichtig, um aus der Isoliertheit herauszukommen und sich mit anderen zu verbünden, denen es genauso ergeht. Gleichbetroffene, wie man sie beispielsweise in Selbsthilfegruppen findet, können eine Art »Ersatzgeschwister-Funktion« bekommen, die einem Mut zusprechen, und die man aber in anderen Situationen auch selbst trösten kann.

Geteilte Verantwortung unter Geschwistern?

Geschwisterkonstellationen und Beziehungen von Geschwistern untereinander sind unterschiedlichster Art. Manche Geschwister sind einander sehr nah, leben vielleicht sogar im selben Haus, andere telefonieren allenfalls einmal im Jahr. Entsprechend der Art der Beziehung läuft die Art der Kommunikation zwischen den Geschwistern ab. Stellt sich allmählich das Problem der Fürsorge für die Eltern ein, verhalten sich Geschwister für gewöhnlich nach ihren alten, über Jahre eingefahrenen Mustern.

Altes Rollenverhalten

Manche Geschwister gehen davon aus, daß automatisch die Ältesten die Pflege übernehmen müssen. Eine andere ungeschriebene Regel besagt, daß die »Lieblingskinder« an der Reihe sind. Aus demselben Grund fühlen sich manchmal auch die Nesthäkchen verpflichtet. Während die anderen Geschwister schon ausgeflogen sind, leben sie scheinbar am längsten mit den Eltern zusammen.

Diese vielfältig schwierigen Entscheidungsmuster und die zahlreichen ungeschriebenen Regeln machen klar, daß alte Konflikte und Rollenverteilungen unter den Geschwistern auf fatale Art und Weise erneut zum Problem werden können.

Häufig kommt es zu Konflikten unter Geschwistern, wenn ein Teil in eine andere Stadt gezogen ist und die vor Ort verbleibende Schwester oder der verbleibende Bruder sich nun nur aufgrund purer Anwesenheit in der Verpflichtung fühlen.

»Ich spreche mit meinem Bruder sowieso wenig. So bleibt auch dieses Thema außen vor. Ich bin natürlich auch selbst schuld, wenn ich das nicht anspreche, und er wird das wohl auch nie tun. Und so bleibe ich allein mit meinem Problem.«

Diese Schwierigkeiten nicht anzusprechen, ist eine weit verbreitete Taktik, die jedoch in der Regel zu großen Frustrationen führt. Hinter dem Schweigen der Pflegenden stecken oft Ängste vor den anderen Geschwistern. Meist sind es die Jüngeren in der Geschwisterkonstellation, die immer noch vor den Älteren zurückstecken. Umgekehrt sprechen die Älteren das leidige Thema vorsichtshalber nicht an, um nicht in die Gefahr zu geraten, mehr an Verantwortung übernehmen zu müssen.

Geschwister vor Ort

Diejenigen, die weggezogen sind, können sich wesentlich besser von den Eltern distanzieren, sie gelten ihren Beitrag zur Pflege oftmals finanziell ab. Manche Geschwister sind mit dieser Lösung zufrieden, bei anderen ändert dies nichts an dem Ärger über die Abwesenden. An den verbleibenden Geschwistern hängt die meist ungeliebte Arbeit. Sie sind vor Ort und damit leicht erreichbar. Bei allen Kleinigkeiten sind sie zuständig.

»Mein Bruder ist fein raus. Er wohnt ca. 400 km weg, da kann natürlich niemand von ihm erwarten, daß er unsere Mutter zum Arzt fährt. Ich bin hier geblieben, und an mir bleibt alles hängen. Manchmal bin ich stocksauer auf ihn. Da hilft mir auch sein Scheck nicht.«

Ein halbes Jahr später kam diese Frau schließlich an ihre physische und psychische Grenze. Die berufliche Belastung, ihre zwei Kinder und die Versorgung der Mutter waren schließlich für sie nicht mehr tragbar. Als sie ihrem Bruder ihre Entscheidung mitteilte, für die Mutter ein Altersheim zu suchen, brauste dieser wütend auf. Er war voller Vorwürfe und Empörung. Neben ihren eigenen Schuldgefühlen erzeugte er nun noch mehr Zweifel und ein schlechtes Gewissen ob ihres Verhaltens.

Sie fühlte sich von ihrem Bruder doppelt bestraft. Nicht nur, daß sie sich über Jahre hinweg um die Pflege und Versorgung ihrer gemeinsamen Mutter gekümmert hatte, nun mußte sie auch die unangenehme Entscheidung für ein Altersheim alleine treffen. Er hatte sie auch damit im Stich gelassen. Nach mehreren Therapiestunden konnte sie jedoch wieder zu ihrer Entscheidung stehen und schließlich für die Mutter ein passendes Heim finden. Sie konnte ihre Wut und Enttäuschung über ihren Bruder bearbeiten und ihn zu einem ausführlichen Gespräch einladen, bei dem klare Abmachungen über die weitere Versorgung der Mutter getroffen wurden.

Geschwister, die weiter entfernt wohnen, drücken sich damit jedoch nicht automatisch vor der Verantwortung. Manche leiden auch unter ihrer räumlichen Distanz zu den Eltern.

»Mein Mann ist in eine andere Stadt versetzt worden, und nun kann ich nur selten nach Hause kommen. Ich sehe natürlich ein, daß meine Schwester viel mehr machen kann und auch muß, aber ich bin auch eifersüchtig auf sie. Sie zeigt mir sehr deutlich, wie gut sie mit Mutter zurechtkommt und wie gut sie sich verstehen.«

Aus Untersuchungen ist bekannt, daß es bei den meisten Geschwistern *ein* Familienmitglied gibt, das hauptverantwortlich den Eltern zur Verfügung steht, und es wird vermutlich häufig zu Konkurrenz bzw. Neid kommen. Viele Geschwister scheuen davor zurück, sich darüber auszusprechen und auf diese Weise ihre Probleme zu klären. Selbstverständlich sind die Kinder vor Ort besser über die jeweils aktuelle Befindlichkeit der Eltern informiert, aber es ist sicherlich auch deren Pflicht, Informationen über die Eltern weiterzugeben, und umgekehrt liegt es im Verantwortungsbereich der auswärtigen Geschwister, regelmäßig nach dem Wohlergehen der Eltern zu fragen.

Verantwortung teilen

Geschwisterkonflikte können dadurch aufbrechen, daß jeder versucht, die Verantwortung von sich zu schieben. Aber es gibt auch die umgekehrte Situation, daß mehrere Geschwister zur selben Zeit die Pflege übernehmen wollen. Es entsteht eine Konkurrenz, wer nun die Verantwortung für den zu betreuenden Elternteil übernehmen *darf*.

Die Motive können unterschiedlichster Art sein. Das Verhalten kann Ausdruck des Bedürfnisses sein, den Eltern aus einer inneren Selbstverständlichkeit heraus zu helfen. Der oft zitierte Generationenvertrag, d.h. die ungeschriebene Regel der gegenseitigen Unterstützung von einer Generation zur anderen, mag der Grund hierfür sein, aber eventuell steckt auch die Motivation dahinter, einen Ausgleich dafür zu schaffen, daß die Eltern über Jahrzehnte hinweg die Verantwortung und Pflege für uns übernommen haben.

»Für mich ist das unausgesprochen klar, die Pflege für meinen bzw. unseren Vater zu übernehmen. Ich habe mehr Zeit als meine Schwestern und wohne seit Jahren mit meinen Eltern im selben Haus. Trotz meiner rebellischen Zeiten haben sie mich ohne Problem wieder aufgenommen und mir hier eine Wohnung überlassen. Wenn meine Schwestern jetzt von weither kommen müßten, das wäre Blödsinn.«

Es gibt auch andere Motive, die eine wichtige Rolle spielen können. Der bereits oben angesprochene Neid aufgrund der speziellen Geschwisterkonstellation kann auch in einer destruktiven Art und Weise zum Tragen kommen. Hinter dem Wunsch, die Eltern oder ein Elternteil zu sich zu nehmen, kann auch das Bedürfnis stecken, endlich die Mutter oder den Vater ganz für sich allein zu haben, um auf diese Art und Weise nun doch noch zum Lieblingskind zu werden.

»Als meine Großmutter allmählich anfing abzubauen, übernahm meine Mutter sofort die Pflege. Sie wohnte von den vier Kindern am nächsten, und so gab es keine Zweifel daran. Ich konnte es kaum mitansehen. Meine Mutter ist zwar widerwillig, aber immer gehorsam gelaufen, sobald meine Großmutter nach ihr rief. Sie hatte nie viel Bedeutung für ihre Mutter. Dadurch ist sie auch nie selbständig geworden. Sie hat auch bis heute kaum Freunde. Meine Mutter kümmerte sich zwar um alles, die Liebe bekamen aber ihre Brüder. Sobald die kamen – und war es nur einmal im Jahr – wurden sie von meiner Großmutter hofiert, und meine Mutter wurde zum Aschenputtel. Trotzdem versucht sie bis heute, die Anerkennung ihrer Mutter zu bekommen.«

Die Brüder wurden schon immer bevorzugt. Sie durften studieren, und sie wurden auch später noch finanziell unterstützt, obwohl sie angesehene und gut bezahlte Berufe hatten. Die alteingefahrene Rolle der Unterlegenen und Wertlosen behielt diese Frau trotz all ihrer Bemühungen weiter.

Beziehung zu den Eltern

Häufig versuchen Menschen durch die selbstverständliche Übernahme der Fürsorge für ihre Eltern unbewußt, noch einiges nachzuholen, was in der Kindheit nicht gelang bzw. nicht empfangen wurde. Dies kann ein Versuch sein, durch das enge Zusammenleben von den Eltern die lang ersehnte Liebe und

Anerkennung zu bekommen, ohne Störung durch die anderen Geschwister. Vielleicht steckt auch der Wunsch dahinter, selbst endlich geben zu können, was in der Kindheit und Pubertät nicht möglich war.

Gerade die Generation der heute 40- bis 60jährigen hatte häufig große Probleme mit den Eltern. Wie kaum eine andere Generation zuvor wollten wir ganz anders sein als unsere Mütter und Väter. Vor allem in den sechziger Jahren und noch zu Beginn der siebziger Jahre war der Protest gegen die Eltern und die Auseinandersetzung mit ihnen extrem stark. Es war eine Mischung aus Hinterfragen der Nazi-Vergangenheit und einem Sich-Wehren gegen das unreflektierte Wirtschaftswunder. Und wie kaum eine andere Elterngeneration boten sie sich als Zielscheibe für den Protest ihrer Kinder an. Viele Kinder leiden nach wie vor unter den alten Zerwürfnissen, andere haben allmählich Frieden mit den Eltern gefunden. Die Pflege bzw. Fürsorge für die Eltern kann ein sichtbares Zeichen für diese veränderte Beziehung sein.

In Familien mit mehreren Geschwistern haben häufig nur eines oder zwei der Kinder rebelliert. Die anderen konnten, nachdem die Rolle der Revoltierenden bereits besetzt war, die Rolle der Ruhigeren übernehmen. Im Laufe des Älterwerdens können meist auch rebellische Kinder entspannter mit ihren Eltern umgehen. Manchmal übernehmen gerade diese Kinder den pflegerischen Part, teils weil sie versuchen, auf diese Weise manches gut zu machen, teils weil die Rebellion, d.h. die intensive Beschäftigung miteinander, auch Nähe schaffte.

Verhalten untereinander

Wer auch immer die pflegende Rolle übernimmt und wie auch immer die Übernahme der Fürsorge für die Eltern aussieht – wichtig ist auch hier die klare Aussprache unter den Geschwistern. Idealerweise werden alle Geschwister in die Aufgabe miteinbezogen. Denkbar ist eine zeitliche Aufteilung während des Tages, die einen Geschwister übernehmen die morgendliche

Versorgung, die anderen den Abend. In manchen Familien gibt es Aufteilungen nach Wochentagen und Wochenende. Wieder andere verabreden, daß die entfernter Wohnenden die Urlaubsvertretung (für die anderen) übernehmen.

»Bezogen auf die Sorge um die Eltern hatten wir einen hohen Konsens. Wir teilten die unterschiedlichen Aufgabenbereiche ein, aber die lagen aufgrund unserer unterschiedlichen Berufe schon auf der Hand. Auch die Besuchsregelung war kein Problem. Wir konnten uns gut darüber auseinandersetzen, wer wann und wie oft kommt. Die Frequenz ist natürlich ungleich, weil wir unterschiedlich weit weg wohnen, aber wir sind uns einig geworden.«

Bei allen Entscheidungen ist es wichtig, darauf zu achten, daß möglichst alle Beteiligten mit dem Ergebnis zufrieden sind und sich keiner übervorteilt fühlt. Diese Maxime erscheint logisch, ist aber in der Praxis häufig schwer umzusetzen. Denn gerade bei Gesprächen unter Geschwistern gibt es die bereits genannten Schwierigkeiten mit den alten Rollenverteilungen, mit alten Konkurrenzmustern, Neid und Eifersucht.

»Wir haben uns eigentlich ganz gut verstanden. Doch als mein Vater ins Altersheim zog, mußten wir seine Wohnung auflösen, und es ging darum, wer was bekommt. Sofort kam es zwischen meinen älteren Brüdern wieder zu starken Spannungen, genau wie früher. Der eine vergönnt dem anderen nichts, und mein ältester Bruder meint, letzten Endes alles bestimmen zu müssen.«

Bei allen wichtigen Entscheidungen bezüglich der Zukunft der Eltern sollten sämtliche Geschwister anwesend sein und mitentscheiden. Die übliche Rollenverteilung ist wohl schwer zu vermeiden. Falls aufgrund alter Ängste kein offenes Gespräch möglich ist, kann man sich in einem ersten Schritt beispielsweise darauf einigen, daß alle ihre Wünsche und Vorschläge vorab zu Papier bringen, um diese dann bei einem Treffen gemeinsam zu diskutieren. Auf diese Weise können sich alle schon Gedanken machen, welche Punkte ihnen wichtig sind, und sie haben vielleicht mehr Chancen, ihre Argumente anzubringen und von allen gehört zu werden.

Wenn allerdings einzelne Geschwister keine Bereitschaft zeigen, sich an der Pflege – sei es durch einen direkten Beitrag, sei es durch finanzielle Unterstützung – zu beteiligen, kann nur der Weg des moralischen Drucks helfen, um sie zur Mitarbeit zu motivieren. Wenn dies nichts nützt, gibt es leider keine weitere Möglichkeit.

Konkrete Hinweise: Was tun? Wer hilft wie?

Die Eltern zu sich zu nehmen oder in die Nähe ziehen zu lassen, erfordert eine hohe Bereitschaft, den eigenen Tagesablauf zu verändern. Genauso wie die Geburt eines Kindes das Leben sehr verändert, so verändert auch die Aufnahme der Eltern den gewohnten Tagesablauf in massiver Weise.

Viele Menschen gehen zunächst mit gutem Willen an diese Entscheidung, mit dem Vorsatz: »Wir werden das schon schaffen!«, ohne im Detail zu überlegen, was dieser Schritt tatsächlich bedeutet. In dieser ersten Phase kommt es dann entsprechend häufig zu Enttäuschungen. Manche unterschätzen, wieviel Zuwendung die Eltern wirklich brauchen. Der Zeitaufwand für Gespräche und Versorgung wird zu groß, oder die eigene Erschöpfung kommt schneller als erwartet.

Bedarfsabklärung

Der gute Wille ist eine wichtige Voraussetzung, doch eine gute Planung und Organisation sind ebenfalls notwendig. Viele Menschen scheuen sich davor, einen genauen Tages- oder Wochenplan zu erstellen. Manche wollen die Eltern aus ethischen Gründen nicht in diesem Maße »verplanen«. Sie empfinden es als pietätlos, die Eltern in ein Schema – wenn auch nur in ein zeitliches – zu pressen. Andere gehen davon aus, daß eine derartige Planung unnötig sei, da auch bislang alle Probleme irgendwie gemeistert werden konnten.

Doch neue Lebenssituationen bringen nicht selten viele Veränderungen mit sich, die anfangs nicht ausreichend zu überschauen sind. Häufig versuchen die Kinder, alle Anforderungen unter einen Hut zu bringen und allen gerecht zu werden, überfordern sich damit jedoch maßlos. Aus diesen Gründen ist es oft für beide Seiten hilfreich, eine klare Struktur zu haben. Auch für die Eltern kann eine genaue Planung eine gute zeitliche Orientierung sein, um genau zu wissen, wer wann kommt und ihnen hilft.

Zunächst sollte erst einmal festgehalten werden, in welchen Situationen die Eltern tatsächlich Hilfe brauchen und wo ihnen weiterhin ein selbständiges Leben möglich ist. Nach dieser Bedarfsabklärung muß überlegt werden, wer welche Aufgaben wann übernimmt. Falls beide Elternteile noch leben, kann häufig ein Elternteil noch einige Arbeiten mit erledigen.

»Am Morgen kommt jemand von der Pflegestation, der hilft, meinen Vater zu waschen und anzuziehen. Und zweimal wöchentlich kommt jemand und macht sauber. Aber meine Mutter kocht immer noch selbst und macht den Haushalt. Mehr Unterstützung will sie nicht. Das wäre für sie ein Stück Kapitulation.«

Dies ist ein Beispiel dafür, daß es einerseits für die Eltern wichtig ist, so viel Autonomie wie möglich zu behalten, und daß es andererseits bei allen Planungen hilfreich sein kann, sich immer wieder klar zu machen: Ich muß nicht alles alleine erledigen!

Organisation

Wenn die Eltern hilfsbedürftiger werden, sollten die Kinder allmählich überlegen, wer welche Verpflichtungen übernimmt. Selbst Geschwister, die in einer anderen Stadt leben, können für bestimmte Aufgaben herangezogen werden. Von finanziellen Beiträgen ganz abgesehen, können sie beispielsweise bürokratische Angelegenheiten schriftlich regeln und Urlaubsvertretungen übernehmen.

Auch wenn die einzelnen Betreuungsaufgaben noch gering sind, ist für die Geschwister vor Ort allein der Druck, immer bereit, immer erreichbar sein zu müssen, schon belastend genug. Die Eltern sind im Alltag ständig präsent und bei vielen Unternehmungen muß für sie mitgedacht werden. Gedanken wie beispielsweise »Ist es zumutbar, daß ich so lange weg bin?« oder »Wenn ich abends weggehe, muß ich zumindest meine Telefonnummer hinterlassen oder anrufen!« beeinflussen unsere Überlegungen und Planungen. Die eigenen Grenzen werden meist schnell erreicht, und Pausen sind immer wieder notwendig, um selbst wieder etwas auftanken und mal wieder auf andere Gedanken kommen zu können.

Bereits ein Urlaubswochenende kann sehr erholsam sein, und in den meisten Fällen reicht ein regelmäßiger Anruf aus, um sicher zu gehen, daß es den Eltern gut geht. Ausreichende Lebensmittelvorräte und medizinische Versorgung müssen jedoch gewährleistet sein. Falls die Eltern allmählich mental abbauen, wird es aber kaum möglich sein, sich auf diese Art und Weise ein paar Verschnaufstage zu gönnen. Die Versorgung muß meist in höherem Maße gewährleistet sein als bei körperlichen Gebrechen. Um Zwistigkeiten zwischen den Geschwistern zu vermeiden, sollten nach Möglichkeit auch hier wieder die wichtigsten Entscheidungen von allen zusammen getragen werden können.

Offenheit zwischen allen Beteiligten

»Als meine Eltern anfingen abzubauen, fielen die Entscheidungsprozesse zwischen uns drei Brüdern sehr schnell. Mein jüngster Bruder lebt im Ausland und kann dadurch kaum was machen. Aber er hat von sich aus angeregt, daß dies beim Erbe berücksichtigt wird. So sind wir beide die Entscheidungsträger,

und die Aufteilung hat sich automatisch ergeben. Mein Bruder übernimmt die gesamten Krankenkassenabrechnungen und Finanzen, und ich bin für die Arztkontakte, den Pflegedienst, Handwerker usw. zuständig.«

Nicht immer laufen unter Geschwistern solche Entscheidungen so harmonisch ab. Vor allem das Vorhaben, die Eltern zu sich zu nehmen bzw. für sie einen Platz im Altersheim zu suchen, führt häufig zu Spannungen. Ein derartiger Schritt wird meist sehr emotional abgehandelt. Es gibt viele unterschiedliche Gründe und Motive für den Entschluß, die Eltern für ein Alters- oder Pflegeheim anzumelden oder sie bei sich aufzunehmen – Gründe, die in einem Gespräch mit allen Geschwistern offen dargelegt werden sollten.

Von den bereits erwähnten emotionalen Motiven abgesehen, können ganz praktische Überlegungen dahinterstehen, die für oder auch gegen eine der Alternativen sprechen. So ist z.B. das Haus oder die Wohnung einer Schwester sehr groß oder sehr verkehrsgünstig gelegen, ein Bruder ist immer zu Hause und hätte damit viel Zeit, sich um die Eltern zu kümmern, oder ein Zimmer ist gerade leer geworden, weil nun auch das letzte Kind ausgezogen ist.

Die ausschlaggebenden Motive können aber auch finanzieller Art sein, wenn z.B. eine Beteiligung an den Kosten eines Pflegeheimplatzes die Existenz eines oder mehrerer Geschwister bedroht. Manche Geschwister versuchen, diesen Beweggrund vor den anderen zu verheimlichen. Vielen ist es unangenehm oder peinlich, zugeben zu müssen, daß ihr finanzieller Spielraum eine Beteiligung an den Pflegekosten nicht erlaubt. Auch hier spielt neben der Scham wieder die Konkurrenz unter Geschwistern eine Rolle. In diesem Fall ist es sicherlich nicht einfach, offen miteinander zu reden.

Professionelle Hilfe

Wenn erst einmal geklärt ist, in welchem Umfang die Eltern überhaupt Betreuung brauchen, kann man konkreter über aktuelle Zahlen verhandeln. Darüber hinaus sollte in Erfahrung gebracht werden, welche privaten oder professionellen Unterstützungsmöglichkeiten es im Umfeld des Wohnortes tatsächlich gibt. Mittlerweile ist zwar das Spektrum der Hilfen für Ältere enorm erweitert worden, doch die Angebote der ambulanten Altenhilfe und der offenen Altenhilfe sind in den einzelnen Regionen unterschiedlich. Erst mit dem Wissen über die speziellen Einrichtungen vor Ort kann konkret überlegt werden, welche Hilfsmöglichkeiten für die Eltern überhaupt in Frage kommen.

Seit Anfang der 70er Jahre gibt es in der BRD Sozialstationen, zu deren Hauptangeboten die häusliche Krankenpflege und Hilfe im Haushalt gehören. Durch diese Unterstützung kann ein vorläufiges Verbleiben in der Wohnung erprobt werden.

Die *Mobilen Sozialen Dienste* gewährleisten eine Grundversorgung im eigenen Haushalt. Diese Hilfsdienste sind häufig den Sozialstationen der Wohlfahrtsverbände angeschlossen, werden aber auch vom Sozialamt oder Vereinen und Initiativen organisiert. Zu den Betreuungsaufgaben gehören unter anderem die Übernahme anstrengender Hausarbeiten, die Hilfe bei Behördengängen und die Begleitung bei Unternehmungen. Diese Form der Hilfe ist mit einem Stundensatz von ca. 20 DM für viele Menschen erschwinglich, bei einkommensschwachen Personen übernimmt (noch) das örtliche Sozialamt die Kosten.

Zu den Hilfsangeboten zählen auch Einrichtungen wie *Essen auf Rädern*, durch die regelmäßig warme Mahlzeiten garantiert werden können. Es gibt die Möglichkeit, sich einmal wöchentlich Tiefkühlkost anliefern zu lassen oder täglich ein warmes Essen. Entsprechend der individuellen Bedürfnisse kann man unter anderem vegetarisches Essen, Schon-, Vollwert- oder Diabetikerkost bestellen. Die Mahlzeiten kosten zwischen sieben und zehn Mark.

Durch eigens dafür eingerichtete *Fahrdienste* kann die Mobilität alter Menschen wesentlich erhöht werden. Vor allem Fahrten zu Ärzten, Krankengymnastik usw. werden auf diese Weise abgedeckt.

Bei all diesen Angeboten werden die Eltern in den Wohnungen besucht bzw. abgeholt. Die Lebensqualität der alten Menschen wird dadurch bedeutend verbessert. Neben der versorgenden Seite dieser Hilfe haben sie auf diese Weise kommunikativen Austausch mit anderen, und sie können auch Beratung erhalten im Sinne einer umfassenden Lebenshilfe.

Für Notfälle ist die Installation eines *Hausnotrufs* sinnvoll, dessen Kosten von der Pflegeversicherung übernommen werden. Über ein Zusatzgerät zum Telefon, das mit einer Notrufzentrale verbunden ist, müssen die Eltern per Knopfdruck täglich ein Signal geben. Wenn diese (Rück-)Meldung innerhalb von 24 Stunden nicht erfolgt, nimmt die Zentrale zunächst mit den Eltern Kontakt auf, andernfalls mit Personen, deren Telefonnummern für einen Notfall gespeichert sind.

Wenn die Eltern tagsüber auf eine intensivere Unterstützung angewiesen sind, können sie durch teilstationäre Angebote betreut und versorgt werden. Die *Tagespflege* ist eine ideale Form der Betreuung, die es den Eltern weiterhin ermöglicht, zu Hause zu leben. Die Eltern bekommen eine angemessene Betreuung, werden aber in die haushälterischen Tätigkeiten so weit wie möglich mit einbezogen. Durch die Übertragung von kleinen Aufgaben wie Tisch decken, Kartoffeln schälen usw. können sie sich das Gefühl erhalten, nützlich zu sein und so ihr Selbstwertgefühl stärken.

Auch hier spielt der kommunikative Aspekt eine große Rolle. Die Eltern können sich mit anderen austauschen und ihnen gemäße Erfahrungen machen. Neben geeigneten gymnastischen Übungen, Singkreisen usw. bekommen sie Anregungen durch Erzählungen und Berichte. Adressen von Leistungsträgern finden Sie im Anhang dieses Buches.

Präventive Maßnahmen

Körperübungen und Kontakte zu anderen Senioren haben zusätzlich einen präventiven Effekt. Sie steigern nicht nur das Wohlbefinden, sondern sind außerdem ein aktiver Beitrag zur Gesundheitsförderung der Eltern. Die Generation der über 65jährigen hat ihrer eigenen Gesundheit meist ein Leben lang relativ wenig Beachtung geschenkt, und es ist wichtig, immer wieder an die Eltern zu appellieren, nicht zu rauchen, auf ihr Gewicht zu achten und sie zu körperlichen und geistigen Aktivitäten anzuregen.

Auch diese »primäre« Prävention, d.h. jene Art der Prävention, die vorab bereits eventuelle Risiken verringert, schützt natürlich nicht in allen Fällen vor Alterskrankheiten. Wenn Krankheiten bereits ausgebrochen sind, kann durch eine umfassende Aktivierung der Eltern der Verlauf von chronischen Krankheiten verlangsamt, auch Schmerzen können gelindert werden. Regelmäßige Vorsorgeuntersuchungen bilden eine wichtige Basis für diese »sekundäre« Prävention, die eine Verschlimmerung der Situation verhindern soll.

Selbst Hirnleistungsstörungen können durch gezielte präventive Maßnahmen beeinflußt werden. In einem interdisziplinären Forschungsprojekt an der Universität Erlangen-Nürnberg konnte gezeigt werden, daß spezielle Trainingsprogramme die Leistungen älterer Menschen (75 bis 93 Jahre) stark verbessern konnten. Am erfolgreichsten war eine Kombination aus Gedächtnistraining und psychomotorischen Übungen. Dabei handelt es sich um Übungen, die durch ein spezielles Wahrnehmungs- und Bewegungslernen die psychische Befindlichkeit beeinflussen. Bereits vorhandene Symptome konnten durch dieses neun Monate dauernde Training erheblich reduziert werden.

Als eine Form der »tertiären« Prävention werden Maßnahmen der Rehabilitation für ältere Menschen angeboten. Hierbei ist das Ziel die Rückfallprophylaxe bzw. Reintegration älterer Menschen. Vor allem nach Schlaganfällen wird durch gezielte Physiotherapie, Ergotherapie und Logopädie versucht, eine eventuelle Pflegebedürftigkeit der Patienten abzuwenden.

Durch die Physiotherapie wird der Bewegungsapparat gezielt trainiert, in der Ergotherapie erlernen die Eltern alltägliche Verrichtungen wieder neu, und die Logopädie behandelt Sprachstörungen, die z.B. als Folge von Schlaganfällen auftreten.

Diese Maßnahmen der Rehabilitation haben einen ganzheitlichen Ansatz, d.h. sie berücksichtigen nicht nur das jeweilige Krankheitsbild, sondern beziehen auch soziale und psychische Aspekte der Krankheit mit ein. Die Erfolgsquote liegt um so höher, je mehr die Angehörigen und das gesamte Umfeld in die Behandlung miteinbezogen werden. Durch die Rehabilitation soll die Lebensqualität der Eltern generell wieder mehr angehoben und damit ihr subjektives Wohlbefinden gesteigert werden.

Mit am schwierigsten wird es sein, die Eltern dazu zu motivieren, wieder etwas aktiver zu werden. Hier wird die Rollenumkehrung erneut sichtbar. Während die Eltern in früheren Zeiten bemüht waren, uns vor die Tür zu bringen, versuchen nun wir die Eltern davon zu überzeugen, sich in Bewegung zu setzen. Es ist eine Frage der Verantwortungsübernahme, denn selbst kleine Anregungen können den Eltern bereits gut tun. Ob sie etwas verändern, hängt häufig auch mit unserer Bereitschaft zusammen, uns dafür einzusetzen und konkrete Vorschläge zu unterbreiten, um ihnen die Angst und die Scheu davor zu nehmen, wieder hinauszugehen in eine ihnen ein wenig fremd gewordene Welt.

Zusammenfassung der Hinweise:

- Bedarfsabklärung:
  - Was können die Eltern selbst erledigen?
  - Wo brauchen sie Hilfe?
  - Wer kann diese wann übernehmen?
- Genaue Planung und Organisation des Tages
- Urlaubsregelung
- Offenheit zwischen allen beteiligten Personen
- Abklärung der professionellen Hilfsmöglichkeiten in der Region:

- Mobile Soziale Dienste
- Essen auf Rädern
- Fahrdienste
- Hausnotruf
- Tagespflege
- Aktivierung der Eltern im Sinne einer
  - primären Prävention: Gesundheitsförderung
  - sekundären Prävention: Vorsorgeuntersuchungen und Gesundheitstraining
  - tertiären Prävention: Rückfallprophylaxe und Rehabilitation

3.

Die Eltern werden pflegebedürftig

Lange Zeit hoffen die meisten Angehörigen, daß die Eltern nicht pflegebedürftig werden, und die Mutter und der Vater bis ins hohe Alter selbständig leben. Durch die verbesserte medizinische Versorgung können heutzutage tatsächlich viele Alterskrankheiten erheblich gemildert werden, und auch extrem pflegebedürftige Menschen leben wesentlich länger als in früheren Zeiten. Diesen Fortschritt betrachten viele mit gemischten Gefühlen. Für die meisten Menschen ist er ein Segen, für manche auch ein Fluch. Welche Einstellung man auch immer zu dieser Problematik haben mag – wenn Eltern heutzutage pflegebedürftig werden, muß man sich mit diesem Thema über viele Jahre, manchmal über Jahrzehnte auseinandersetzen.

In den meisten Fällen bahnt sich jedoch die Pflegebedürftigkeit langsam an. Bei manchen Eltern nehmen allmählich die körperlichen Gebrechen zu, bei anderen kommt es immer mehr zu geistigen Ausfällen bis hin zur Demenz. (Demenz kommt aus dem Lateinischen und bedeutet »ohne Geist sein«.)

Es ist sicherlich sinnvoll, die Eltern bei Arztbesuchen zu begleiten und kritische Fragen zu stellen, denn in vielen Fällen können die alten Menschen durch eine Kombination aus medikamentöser Behandlung und speziellen Trainingsverfahren gut stabilisiert werden. Viele Ärzte geben zu schnell auf nach dem Motto: Es lohnt sich nicht mehr.

Es gibt unterschiedliche Angaben darüber, wie viele alte Menschen psychisch krank sind. Ursache dieser Differenzen sind vor allem unterschiedliche Definitionen von psychischer

Krankheit. Doch im weitesten Sinne gefaßt besagen die Statistiken, daß rund 25 bis 30 Prozent der Menschen über 65 Jahren unter psychischen Beeinträchtigungen leiden. Die Beschwerden reichen von neurotischen Störungen, abnormen Reaktionen und Persönlichkeitsstörungen bis hin zu psychoorganischen Syndromen, Psychosen und dementiellen Erkrankungen. Diese Erkrankungen treten im Alter relativ häufig auf. Laut einer Untersuchung des Kieler Instituts für Gesundheits-System-Forschung (IGSF) aus dem Jahr 1993 leiden in Deutschland 1,3 bis 1,8 Millionen ältere Menschen (über 65 Jahren) an Hirnleistungsstörungen.

Die senile Demenz vom Typ Alzheimer ist die am häufigsten vorkommende Erkrankung. Es handelt sich um eine degenerative Erkrankung des Hirngewebes, deren Ursache nach wie vor unklar ist.

Der Beginn der Alzheimererkrankung ist zunächst schleichend. Die ersten Ausfälle können anfänglich noch überbrückt werden – leider oft mit massiven Wutanfällen –, doch bald wird der Verlust der Orientierungsfähigkeit immer deutlicher. Die Verwirrtheit nimmt zu, und eine motorische Unruhe setzt ein. Im letzten Stadium kommen zu dem geistigen und physischen Abbau noch Inkontinenzprobleme hinzu. Die Alzheimererkrankung ist zwar grundsätzlich nicht heilbar, aber die Symptome können – wie viele andere Hirnleistungsstörungen auch – bei rechtzeitiger Behandlung gelindert werden, und damit sowohl für die betroffenen Patienten als auch für die Angehörigen weniger belastend sein.

Während die Alzheimererkrankung schleichend einsetzt, verschlechtern sich vaskulär bedingte, d.h. die Blutgefäße betreffende Hirnerkrankungen meist schubweise. Durch Blutungen oder Thrombosen kommt es zu kleinen Infarkten, d.h. Schlaganfällen. Meist treten dadurch Gedächtnis-, Denk- oder Affektstörungen auf, aber Einsichts- und Urteilsfähigkeit können trotzdem weiterhin relativ gut sein. Der Zustand verschlechtert sich schrittweise, je nach Stärke und Häufigkeit dieser kleinen Schlaganfälle.

Mit fortschreitender Zuspitzung der Situation wird es immer

dringender, Entscheidungen für die Eltern, aber auch für das eigene weitere Leben zu treffen.

Neue Anforderungen

Die Hilfsbedürftigkeit der Eltern setzt manchmal schlagartig ein, wenn sie durch eine Erkrankung, einen Unfall oder eine Operation plötzlich nicht mehr für sich sorgen können. Ohne jegliche Vorbereitung müssen nun wichtige Entschlüsse gefaßt werden, die das eigene Leben verändern, manchmal sogar über Jahrzehnte hinweg.

»Bei mir kam die Veränderung meiner Mutter ziemlich abrupt. Sie hatte einen Gehirntumor und mußte sehr schnell operiert werden. Zunächst dachten wir, jetzt würde einfach ein neuer Lebensabschnitt beginnen, aber der Tumor wuchs ziemlich schnell nach, und meine Mutter hatte starke Ausfallerscheinungen. Es war total irritierend und erschreckend. Sie war vorher so kompetent, lebendig und aktiv. Plötzlich mußte ich alles für sie machen.«

Emotionale Überforderung

Ein unerwartet plötzlicher Übergang in extreme Hilfsbedürftigkeit ist für die Angehörigen nur schwer nachzuvollziehen. Ein langsames Hineinwachsen in die neue Rolle ist kaum möglich. Das eigene Verhalten paßt sich zwar automatisch an die Anforderungen an, aber der Kopf kann noch nicht begreifen, was geschehen ist.

»Manchmal stehe ich richtig neben mir und betrachte mich, wie ich meinem Vater die Hose anziehe, und kann zur selben Zeit kaum glauben, was ich da gerade tue.«

Vor allem bei plötzlichen Übergängen in die Hilfsbedürftigkeit wird man nicht nur mit vielen organisatorischen und technischen Problemen konfrontiert, man ist auch sehr schnell emotional überfordert. Das Bild, das man bisher von den Eltern hatte, ändert sich radikal. Gerade eben waren sie noch rüstig im Leben gestanden, und nun bedürfen sie unserer Hilfe, um ohne allzu große Komplikationen weiterleben zu können. Viele Kinder versuchen dann, die tatsächliche Situation zu bagatellisieren und sich so wenig wie möglich der Realität zu stellen.

»In meiner Wahrnehmung ist mein Vater derjenige, der in seinem Stuhl sitzt. Wenn ich nachts nach ihm schaue, dann liegt er da und schläft und schnarcht. Es ist eine Situation von Befremdung, aber auch von Zärtlichkeit.«

Die Eltern, die einst groß und mächtig erschienen, deren Auftreten in manchen Fällen sogar gewaltige Angst auslöste, werden nun von ihren Kindern manchmal mit einer gewissen Verwunderung betrachtet. Wie konnten diese Eltern, die nun klein und hilfsbedürftig sind, einem einstmals bereits deswegen Angst einjagen, weil man eine Stunde zu spät nach Hause kam? Solche Gedanken können Amüsement über die eigene Lebensgeschichte hervorrufen, sie können aber auch zu einem Anstoß dafür werden, sich mit ihr auseinanderzusetzen. Um mit den Eltern in einer gelösten und ausgeglichenen Art und Weise umgehen zu können, ist es unabdingbar, mit der eigenen Geschichte Frieden zu schließen und die Dinge so zu akzeptieren, wie sie sind.

Dies ist für die Kinder nicht immer einfach, vor allem bei massiven Gewalterfahrungen. Solange noch der ganze Schmerz und Groll vorhanden ist, gibt es kaum eine Möglichkeit, auf die Eltern in irgendeiner Weise zuzugehen. Für manche Erwachsene ist es kaum verständlich, wieso sie jetzt, nach so vielen Jahren, immer noch unter den Erlebnissen der Kindheit leiden. Die frühen Erfahrungen im Leben sind in den meisten Fällen so prägend, daß sie auch für Erwachsene noch bestimmend sind. Um wirklich Abstand zu der Vergangenheit zu erlangen und in sich

Frieden zu finden, kann manchmal sogar eine Therapie notwendig sein. Andernfalls ist die Gefahr sehr groß, sich gedanklich nie von den alten Mustern zu lösen, sich ewig im Kreise zu drehen ohne eine wirkliche Lösung zu finden.

Abschied von der Eltern-Kind-Beziehung

Während es in den Vorstadien der Pflegebedürftigkeit durchaus noch möglich war, den kritischen Zustand bis zu einem gewissen Maß zu verleugnen, ist es nun in der akuten Situation nicht mehr möglich, die Augen davor zu verschließen, daß man allmählich von den Eltern Abschied nehmen muß. Zunächst sind es einzelne Bereiche der Persönlichkeit und des gemeinsamen Erlebens, die verloren gehen.

»Durch seine Sprachstörung kann mein Vater nur noch begrenzt kommunizieren. Alles was ihn liebenswert macht, ist nun ein Stück weit abgeschnitten. In weiten Bereichen ist er nicht mehr der, der er einmal war. Ich habe das als ganz schlimm erlebt, als ich gemerkt habe, daß unsere Kommunikation eine Einbahnstraße ist.«

Mit dieser Art der Veränderung vollzieht sich ganz allmählich ein weiterer Wechsel in der Beziehung zu den Eltern. Die Gefühle, die einst für sie da waren, können nicht mehr in der gleichen Qualität aufrechterhalten werden, wenn der gedankliche Austausch zwischen den Generationen zunehmend schwieriger oder gar unmöglich wird.

»Ich mag ihn weiterhin und vermittle ihm das auch, aber das ist ein begrenzter Vorrat. Das Inhaltliche geht nicht. Dann wird er unwirsch und verzweifelt, und das berührt mich, macht mich hilflos. Ich würde ihm gerne helfen, aber das gelingt mir nicht. Wenn ich ihn am Wochenende besuche, überlege ich mir dann eine Strategie, fahre mit ihm raus und erzähle ihm viel. Aber wenn es vorbei ist und wir wieder in seinem Zimmer sind, wird

es schwierig. Seine Unzufriedenheit steigt. Zwei Stunden sind einfach genug, mehr geht nicht für mich.

Ich überlege viel, wo man ihn auf welcher Ebene erreicht, wo er Erfolgserlebnisse hat. Wir machen Spiele miteinander. So gibt es punktuelle Möglichkeiten, aber ich denke, er merkt genauso wie ich, daß es nur darum geht, die Zeit herumzubringen. Es ist ein großer Verlust, mich mit ihm nicht mehr wie früher austauschen zu können.

Ich höre mit ihm Musik, aber dann stört ihn sein Hörgerät. Ich lese ihm vor, aber er kann das nur bedingt aufnehmen. Es belastet seine Konzentration zu sehr. Und ich komme immer wieder in die Situation: Jetzt geht es nicht mehr. Länger als ein Wochenende kann ich nicht mit ihm verbringen. Er kann ja nichts einbringen, und alles ist erzählt.«

Der Verlust der Möglichkeit, in gewohntem Maße miteinander zu kommunizieren, führt zu einem kontinuierlich steigenden Abstand zu den Eltern. Nun müssen die Kinder die Fähigkeit entwickeln, Geduld mit ihnen zu haben und die eigene Hilflosigkeit auszuhalten. Denn oft sind vor allem wir diejenigen, die Schwierigkeiten haben, und unser Problem liegt darin, daß wir nichts ändern können. Ein Großteil unseres Aktivitätsdranges wird voraussichtlich fruchtlos bleiben, und dies ist für viele schwer zu ertragen.

Erster Abschied von den Eltern

So schmerzhaft diese Situation ist, der schleichende Verlust vieler Gemeinsamkeiten ermöglicht auch eine emotionale Vorbereitung auf den Tod der Eltern. Ganz langsam können wir Abstand zu ihnen gewinnen. Man kann sich von ihnen verabschieden und sich zur selben Zeit ganz allmählich in die neue Rolle einleben. Denn nun wird spürbar, daß man selbst bald die oder der Älteste in der Generationenfolge sein wird. Schrittweise wird ein neuer Abschnitt des Lebens eingeläutet.

»Der allmähliche Verlust des Vaters fand schon lange vorher statt. Er war schon immer alt, und es war schon vorher eine distanzierte Beziehung da. Nach dem Schlaganfall fing die erste Verwirrtheit an. Er war nicht mehr die Respektsperson. Er war nicht mehr zurechnungsfähig. Er ist ein Greis, nur noch Hülle. Er ist nicht mehr mein Vater, wie ich ihn so viele Jahre kannte.«

Die Phase des Abschiednehmens bietet die Gelegenheit, allmählich Bilanz über die Beziehung zu den Eltern zu ziehen. Wie war mein Verhältnis zu ihnen? Wo sind Enttäuschungen? Was habe ich von ihnen gelernt? Was haben sie mir mitgegeben?

»Meine Beziehung zu meinem Vater war in den letzten 15 Jahren dadurch geprägt, daß ich ihn als sehr liebenswürdig erlebt habe. Er hat dadurch bei mir einen großen Bonus. Er hat viel für uns getan, auch materiell. Es gab wenig Konflikte. Deshalb habe ich auch keine Schuldgefühle. Er war ein liebenswürdiger, kluger Herr.«

Wenn man Bilanz zieht über die gemeinsame Zeit, tauchen häufig Verletzungen auf, die die Eltern uns zugefügt haben, aber auch solche, die man ihnen angetan hat. Es gibt Verletzungen, die aktuell keine Rolle mehr spielen, andere haben große Wunden geschlagen, die bei jeder Kleinigkeit wieder aufplatzen können.

Noch gibt es die Gelegenheit, über vieles zu sprechen. Das sollte allerdings nicht vorwurfsvoll geschehen. Vorwürfe sind wenig konstruktiv. Sie blockieren in der Regel jede Diskussion, da diese bald in Streit und lauten Auseinandersetzungen mündet. Mit Vorwürfen kann niemand mehr etwas anfangen, denn was gesagt ist, ist gesagt. Man kann nachträglich die Dinge nicht mehr ungeschehen machen. Aber man kann sich für vieles entschuldigen oder auch bestimmte Wünsche an die Eltern äußern.

Selbst wenn die Eltern nicht mehr in dem Maße dazu fähig sind, das aufzunehmen, was man ihnen sagt oder für sie tut, so kann es doch beruhigend sein, zumindest den Versuch unternommen zu haben, noch einige Dinge zu klären. Vieles, was man nicht mehr sagt, kann sonst als »unerledigtes Geschäft« über lange Zeit durch immer wiederkehrende Gedanken haften bleiben. »Ich hätte dir so gerne noch gesagt, daß ...« oder »Ich wollte, daß du mir ...« sind Beispiele dafür.

Die neuen Anforderungen im Umgang mit den Eltern sind zunächst für die Angehörigen eine große Belastung. Aber sie bergen auch Chancen. Denn man kann dadurch viel für das eigene Leben lernen. Selbst wenn die Kommunikation mit den Eltern häufig sehr eingeschränkt ist, so besitzen sie doch oft die Möglichkeit, sich uns in einer anderen Form mitzuteilen.

»Insgesamt bin ich durch die Betroffenheit und Traurigkeit auch ein Stück weitergekommen. Durch die Konfrontation mit meinem Vater ist mein eigenes Leben weiter und tiefer geworden, nicht mehr so oberflächlich und eingeschränkt. Ich sehe manche Dinge anders. Und ich sehe auch, wie sehr mein Vater auf mich angewiesen ist, aber ich sehe auch seine Dankbarkeit, kriege auch was von ihm zurück. Wenn ich ihm etwas vorlese, gibt es Punkte, die ihn ansprechen. Er kann auch noch lachen und mir zeigen: ›Schön, daß du da bist.‹ Er amüsiert sich zum Beispiel, daß ich jetzt auch einen weißen Bart kriege. Es gibt eine Seite von Austausch und Anerkennung auf der emotionalen Ebene. Leider ist sie sehr begrenzt.«

»Wie bei einem Kind«: Extreme Intimität – extremer Rollenwechsel

Solange die Eltern aufgrund physischer Gebrechen Pflegefälle sind, können sie im Prinzip nach wie vor in viele Entscheidungen mit einbezogen werden, wobei letztendlich die Kinder bestimmen müssen, wie die günstigste und sinnvollste Hilfe aussieht. Bei mentalem Abbau gibt es zur Mitbestimmung oft kaum mehr eine Basis. Die Verantwortung für die Eltern muß wie bei kleinen Kindern voll und ganz übernommen werden.

Wenn Eltern zu Kindern werden

Jetzt wird die Rollenumkehrung besonders extrem. Die Kinder müssen selbst bei alltäglichen Handlungen den Eltern klare Angaben machen, was diese wie tun sollen. Je nach Ausprägung und Schweregrad der Hirnleistungsstörung können die Eltern manche Aufgaben, wenn überhaupt, nur mehr in kleinen Schritten erledigen. Die Kinder müssen in den meisten Fällen mit dabei bleiben und die Aufsicht über ihre Mutter oder ihren Vater führen.

»Ich kann meine Mutter kaum aus den Augen lassen. Ich weiß nie genau, was sie tut, wenn ich nicht mit dabei bin. Das macht mich vollkommen nervös. Manchmal bin ich dann auch völlig ungehalten mit ihr, wenn sie auch bei der vierten Aufforderung nicht tut, was ich ihr sage. Um ehrlich zu sein, ich habe sie auch schon ein paar Mal angeschrien. Sie macht mich noch wahnsinnig.«

Durch die Verkindlichung der Eltern kann es manchmal soweit kommen, daß nun die Kinder mit ihnen schimpfen, in sehr verzweifelten Situationen die Eltern auch schlagen.

Das Schwierige an der Situation ist das Wissen, daß kaum eine Verbesserung möglich ist. Während man bei der Kindererziehung weiß, daß es im Laufe der Zeit einfacher wird und die Jungen und Mädchen selbständiger werden, ist bei der Pflege der Eltern eher eine Verschlechterung zu erwarten. Gerade die Tatsache, daß es keine Hoffnung auf Besserung gibt, macht die Lage so frustrierend. Man weiß, daß der Vater oder die Mutter in diesem kindlichen Zustand bleiben werden, bis sie sterben.

Der Alltag ist dadurch häufig sehr zermürbend. In manchen Fällen muß die Betreuung ganz grundsätzlicher Art sein, d.h. schon am frühen Morgen müssen die Eltern auf die Toilette gebracht und gewaschen werden. Es ist nicht mehr möglich, ihre Intimsphäre in irgendeiner Weise zu wahren. Sie müssen unter Umständen wie kleine Kinder angehalten werden, die Zähne zu putzen, man muß vielleicht sogar dabei bleiben, um sie zu kontrollieren, oder auch diese Arbeit selbst übernehmen. Und man muß ihnen sagen, was sie anziehen und was sie essen sollen.

»Ich bitte meine Mutter manchmal, mir beim Tischdecken zu helfen. Ich gebe ihr dann das Besteck und das Geschirr, aber sie kann nichts damit anfangen. Sie ordnet die Dinge zwar irgendwie auf dem Tisch, aber es steckt keine Logik dahinter. Und so ist das natürlich mit allem. Sie macht zwar mit, aber ich muß ihr jeden einzelnen Schritt genau sagen.«

Dieser Rollenwechsel ist oft schwer auszuhalten, und es entstehen Schuldgefühle, wenn man wieder einmal trotz bester Vorsätze an dem Punkt angekommen ist, an dem man aus einer Mischung von Wut, Ungeduld und Verzweiflung die Eltern nur noch anschreien und schimpfen kann. Denn das Bild der Eltern, wie sie früher waren, ist noch sehr präsent. Manche Kinder ertappen sich immer häufiger dabei, daß sie sich für das Verhalten ihrer Eltern und für deren Zustand schämen. Solange Außenstehende den Abbau nicht wahrnehmen können, ist dies noch halbwegs zu ertragen. Sobald die Öffentlichkeit miteinbezogen wird – dazu zählt manchmal auch der größere Familienkreis –, sind viele Kinder peinlich berührt.

Neue Beziehungsmuster

In manchen Fällen birgt die veränderte Situation auch eine Chance. Manchmal erleichtert dieser Rollenwechsel die Befreiung von den alten Blockaden im Umgang mit den Eltern. Vielen fällt es nun leichter, mit den Eltern näher in Kontakt zu kommen und Mut zu schöpfen, sich mit ihnen auseinanderzusetzen.

»Ich hatte eine sehr schwierige Beziehung zu meinem Vater. Alles, was ich machte, zählte in seinen Augen nichts. Ich hätte mir so gewünscht, daß er nur ein einziges Mal zu mir sagt: ›Das hast du gut gemacht.‹ Als er so krank wurde, habe ich mich

dann zum ersten Mal getraut, ihm einen Brief zu schreiben, und
ihm zu sagen, wie wichtig er mir ist. Bei den nächsten Besuchen
fing ich dann an, ihn zu umarmen. Erst war er sehr irritiert,
aber nach dem dritten Mal schien er richtig drauf zu warten.«

Die Beziehungen können sich durch veränderte Lebensbedingungen und den damit einhergehenden Rollenwechsel noch einmal stark ändern. In manchen Fällen entsteht dadurch eine neue Qualität der Nähe zwischen Eltern und Kindern, die sich nicht zuletzt auch aus dem Gefühl heraus entwickeln kann, ihnen jetzt etwas zurückzugeben. Häufig bekommen Eltern-Kind-Beziehungen dadurch noch einmal einen liebevollen Impuls.

Intimität

Das Gefühl, nun umgekehrt für sie zu sorgen wie sie einstmals für uns, realisiert sich durch die extreme Intimität, die nun entsteht. Auf natürliche Weise verändern sich die Schamgrenzen, die oft während der Pubertät entwickelt wurden.

»Es war – nachträglich gesehen – eigentlich ganz merkwürdig.
Mein Vater hatte Krebs, und als er so schwer krank wurde, habe ich ihm ganz selbstverständlich geholfen. Er war auf meine Schultern gestützt, und ich habe ihm dabei geholfen, auf die Toilette zu gehen. Genau genommen wie bei einem kleinen Kind habe ich ihm die Hose runtergezogen und in anschließend abgeputzt. Merkwürdigerweise habe ich mir gar nichts dabei gedacht. Es war vollkommen selbstverständlich. Dabei hatte ich ihn noch nie nackt gesehen.«

Dieses Beispiel zeigt, wie sehr sich die Beziehung – hier zwischen Vater und Tochter – verändern kann. Sie übernimmt nun die behütende Rolle. Doch während für Frauen die Übernahme der Pflege ihrer Eltern meist selbstverständlich ist, haben Männer oft Probleme damit.

»Diese extreme Intimität war für mich sehr befremdlich. Ich habe meine Mutter zum Waschen ins Bad getragen. Ich habe sie vorher nur selten unbekleidet gesehen. Aber in dieser Form mich nun um sie zu kümmern, war für mich gewöhnungsbedürftig.«

Es kann manchmal leichter sein, den gleichgeschlechtlichen Elternteil zu pflegen. Das Schamgefühl ist oft wesentlich geringer. Trotzdem wird es in den meisten Fällen geschlechtsspezifische Unterschiede geben, da Frauen mehr daran gewöhnt sind, Körperkontakt zu ihren Eltern zu haben als Männer.

»Nach der Operation habe ich meinen Vater auf den Topf gesetzt, und es gab kein Ekelgefühl oder so was. Unser Intimkontakt beschränkt sich heute auf das Rasieren. Er genießt das total, daß sich sein Sohn jetzt um ihn kümmert. Insofern kann ich damit auch gut umgehen.«

Befremden

Auch wenn Eltern und Kinder sich im Lauf der Zeit mit der neuen Situation arrangieren können, gibt es immer wieder Augenblicke, an denen viele Angehörige ihre pflegebedürftigen Eltern mit einem gewissen Befremden betrachten. Wenn diese immer mehr die Kontrolle über sich verlieren und beispielsweise beim Essen stark sabbern, ist es schwer, dabei ruhig zuzusehen. Eine Mischung aus Mitleid, Scham und Hilflosigkeit macht sich breit. Die extreme Intimität beinhaltet natürlich auch, den Gerüchen der Eltern unausweichlich ausgesetzt zu sein.

»Was mir stark zu schaffen macht ist der Geruch meines Vaters. Er riecht ziemlich stark durch seinen Katheter, aber auch sein Mundgeruch ist manchmal unerträglich. Trotzdem stößt es mich komischerweise nicht ab, vielleicht deshalb, weil ich nicht rund um die Uhr bei ihm sein muß.«

Gerüche haben eine starke Auswirkung auf uns, da sie ganz nahe mit unseren Emotionen verbunden sind. Nicht umsonst gibt es die Redewendung »Ich kann jemanden nicht riechen«, die ausdrückt, daß man jemanden als unsympathisch oder abstoßend empfindet. Unangenehme Geruchsausdünstungen der Eltern sind deshalb oft schwer zu ertragen, vor allem wenn es nur mit großem Aufwand möglich ist, eine kurzfristige Veränderung herbeizuführen.

Es gibt auch keine Möglichkeit »wegzuriechen«. Nur durch mehr Reinlichkeit ist es möglich, die Ausdünstungen der Eltern ein wenig zu mildern. Aber man sollte sich auch die Freiheit nehmen, die Pflege immer wieder zu unterbrechen und frische Luft zu schnappen.

Je mehr man sich selbst unter Druck setzt, desto schwieriger wird die Situation. Und es sollte nicht so weit kommen, daß ein Gefühl von Abscheu und Ekel entsteht. In der Folge können sich dadurch wiederum Schuldgefühle entwickeln. Dieser Teufelskreis an Gefühlen ist durch einen offenen Umgang mit sich selbst vermeidbar.

Die Welt der Gefühle

Die meisten Menschen glauben, daß sie über ihre Gefühle Bescheid wissen; manche möchten sie sogar – am liebsten ständig – im Griff haben. Um so verwirrender wird die Situation, wenn äußere Bedingungen sich derart zuspitzen, daß die eigenen Gefühle übermächtig zu werden drohen. Wenn diese Gefühle sich teilweise auch noch widersprechen, ist es manchmal schwer, mit diesem Chaos zurechtzukommen.

Die Verantwortung für die Eltern einerseits und für die eigene Familie andererseits raubt vielen Menschen zum einen sehr viel Energie, zerreißt sie aber auch emotional. Es ist kaum machbar, allen gerecht zu werden. Schuldgefühle tauchen auf, aber auch das Gefühl: Alle wollen was von mir! Dadurch kann Wut entstehen, die häufig zu Rückzug führt. Dieser erzeugt wiederum Schuldgefühle. Schuldgefühle, Wut und Streß liegen im Beziehungsgeflecht der pflegenden Kinder nahe beieinander.

Man muß sich darüber im klaren sein: Alle diese Gefühle existieren in uns und gehören genauso zu uns wie Glücksgefühle, Liebe und Zärtlichkeit. Auch wenn die negativen Gefühle uns manchmal aufzufressen drohen, es gibt auch Momente, in denen die positiven Gefühle ebenfalls zu spüren sind.

Schuld

Schuldgefühle gehören zu den am häufigsten vorkommenden Gefühlen im Zusammenhang mit der Pflege der Eltern. Diese Gefühle haben verschiedene Ursachen. Sie können für die Betroffenen kaum greifbar und völlig unverständlich, oder auch real nachvollziehbar und erklärbar sein. Die scheinbar unerklärlichen Schuldgefühle stammen häufig aus unserer Kindheit.

»Ich habe seit langem starke Schuldgefühle meiner Mutter gegenüber. Sie hat mich in der Kindheit ziemlich schlecht behandelt. Aber es gibt trotzdem gar keinen Grund, es ihr irgendwie heimzuzahlen, sie so zu hassen. Ich glaube, ich versuche deshalb, meine Mutter so gut wie möglich zu unterstützen. Das beruhigt unheimlich, wenn man etwas tut.«

Hilfsaktionen sind häufig gute, wenngleich auch meist nur kurzfristig wirksame Maßnahmen, um die eigenen Schuldgefühle zu beruhigen. Dabei ist es aber wichtig, ein gesundes Mittelmaß zu finden zwischen dem Abbau von Schuldgefühlen und der Befriedigung eigener Bedürfnisse. Wenn nur noch die Pflege im Blickfeld steht, um die eigenen Schuldgefühle zu beruhigen, schadet man sich letztlich nur selbst.

Die meisten Schuldgefühle im Zusammenhang mit der Pflegesituation werden durch irgendeinen aktuellen Anlaß ausgelöst. Vielleicht wollte der bettlägrige Vater genau in dem Moment etwas zu trinken, in dem man im Keller war, um die Wäsche aufzuhängen. Für manche Menschen genügt ein solcher

Anlaß, um sich schuldig zu fühlen. »Ich hätte ihn vorher fragen können, ob er etwas braucht. Der Arme hatte doch Durst«, kann ein möglicher schuldauslösender Gedanke sein.

Die Frage des Vaters nach einem Getränk kann bei anderen wiederum »nur« Wut auslösen. Denn Schuldgefühle sind häufig genug nicht »objektiv« begründet. Manchmal sind es nichtige Gründe, die zu diesen Gefühlen führen. Die Gefühle unterliegen der eigenen und damit subjektiven Bewertung einer bestimmten Situation. Je nachdem, wie schrecklich wir unsere Handlungen bezogen auf die Eltern einstufen, bestimmt sich bzw. bestimmen wir das Ausmaß unserer Schuld. Denn was für den einen ein furchtbares Drama sein kann, wird vielleicht von einem anderen gar nicht zur Kenntnis genommen.

Auch die Entscheidung, die Eltern in ein Altersheim zu geben, ist ein häufiger Auslöser von Schuldgefühlen. Auch wenn man die Eltern seit langer Zeit zu Hause pflegt, kann doch trotz aller guten Vorsätze plötzlich der Zeitpunkt eintreten, wo die persönliche Belastungsgrenze erreicht wird. Die Tatsache, daß man sich Mühe gegeben und alles versucht hat, um den Schritt ins Altersheim zu vermeiden, zählt für die eigenen Gefühle oft nicht.

Ob nun Schuldgefühle entstehen oder nicht, hängt also von der jeweiligen Bewertung der Situation ab. Die Entscheidung für ein Altersheim kann nun als notwendig erachtet werden, als für beide Seiten hilfreich, um entspannter leben zu können bzw. um bessere Unterstützung zu bekommen. Wenn man aber selbst der Meinung ist, daß man den Eltern damit etwas Schreckliches antut, entstehen manchmal furchtbare Schuldgefühle.

Diese sind Gefühle, die in extremen Fällen das Leben stark blockieren können. Manche Menschen werden durch ihre Schuldgefühle geradezu arbeitsunfähig, andere wiederum fallen verstärkt in ein hektisches Agieren, um sich so gut wie möglich abzulenken.

Gleichgültig wodurch die Schuldgefühle begründet sind – ob durch reale Erfahrungen oder durch irrationale Gedanken –, sie sind immer schwer zu ertragen.

» Wenn ich an meine Mutter denke, habe ich das Gefühl, ich kann nie gewinnen. Wenn ich mit ihr zusammen bin, kann ich sie kaum ertragen. Aber wenn ich mich zurückziehe, dann habe ich so furchtbare Schuldgefühle, daß es mir auch nicht gut geht.«

Viele pflegende Angehörige fühlen sich in einer sogenannten Double-bind-Situation gefangen. Das bedeutet: Ganz egal, wie man reagiert, es ist immer verkehrt. Für ihr Dilemma scheint es keine Lösung zu geben, sie verlieren auf alle Fälle. Das Problem liegt oft im Gefangensein in den eigenen Gedanken. Alles scheint sich im Kreise zu drehen, einen Ausweg scheint es nicht zu geben. Viele ziehen durch die ewig gleichen Gedanken kaum mehr in Erwägung, daß es auch andere Lösungen geben könnte. Und doch lohnt es, sich die Zeit zu nehmen, alle Möglichkeiten, die für weitere Entscheidungen in Frage kommen, zunächst einmal ohne Bewertung (!) zu sammeln und auf Kärtchen aufzuschreiben.

Beispiele für eine derartige Sammlung sind Notizen wie

- totaler Rückzug von der Mutter
- sich Gutes tun nach jedem Treffen
- mit ihr zusammenziehen
- die Geschwister bitten, mehr mit ihr zu unternehmen
- täglich eine Stunde telefonieren
- gemeinsames Wochenende usw.

Nach einer ausführlichen Ideensammlung kann man anschließend im Detail abwägen, welche Ideen für eine Umsetzung in Frage kommen. Unbrauchbare Kärtchen werden dazu aussortiert, die restlichen können dann in eine Rangreihenfolge nach Bedeutung und/oder Machbarkeit gebracht werden.

Wut

Unsere Machtlosigkeit gegenüber den Ausfällen unserer Eltern kann uns verzweifelt und dadurch wütend machen. Wir werden ungeduldig und können das x-mal Gesagte und x-mal Gehörte kaum noch ertragen. Es ist kaum mehr auszuhalten, dieselben Dinge noch einmal zu erklären und zu merken, daß es einfach nicht fruchtet, daß es unmöglich ist, die Eltern auch nur zu den kleinsten Anforderungen oder Handlungen zu bewegen, ohne an die Grenze der eigenen Belastung zu kommen. Dies steigert sich oft noch mehr, je höher der Grad der geistigen Verwirrung der Eltern ist.

»Gestern hat sich meine Mutter wieder ausführlich danach erkundigt, wer ich denn sei«, erzählt eine Teilnehmerin einer Selbsthilfegruppe, während eine andere sie zu beruhigen versucht: *»Bei mir geht das sogar so weit, daß meine Mutter mich nicht nur nicht erkennt, sie beschimpft mich fortwährend und ist mißtrauisch, ob ich ihr nicht eventuell Gift ins Essen gemischt hätte.«*

Derlei Probleme sind vielen Pflegenden bekannt. Szenen wie diese können in entspannter Stimmung ein leichtes Schmunzeln auslösen, aber in den meisten Fällen gehen sie den Betroffenen schwer an die Substanz und werden auf Dauer unerträglich. Und wieder stehen wir in einem Gefühlschaos von Wut, Hilflosigkeit und Mitleid. Vor allem bei mentalem Abbau der Eltern steigt die Wut häufig auf einen sehr hohen Pegel. Alles was gerade gesagt wurde, gilt im nächsten Moment schon nicht mehr, kaum etwas wird behalten und umgesetzt.

»Ich habe schon häufig Wutaffekte. Ich könnte meine Mutter manchmal packen und kräftig schütteln. Aber ich lebe meine Wut nicht aus. Dafür knirsche ich in der Nacht mit den Zähnen, ich habe mir mein gesamtes Gebiß ruiniert. Oder ich werde bloß depressiv. Mit diesen Affekten kann ich jedenfalls nicht umgehen.«

Für die meisten Menschen ist es äußerst schwierig, sich die Wut auf die eigenen Eltern einzugestehen. Viele beginnen, sich Erklärungen zurechtzulegen, um diese Gefühle erträglicher zu machen bzw. sie vollkommen auszublenden. Die Verdrängung dieser Wut führt jedoch häufig zu Depressionen. »Wie kann man auf jemanden wütend sein, der hilflos ist und unseren Trost und unsere Fürsorge braucht?« Viele gestehen sich durch diesen moralischen Überbau die Wut auf die Eltern nicht ein, obwohl unsere Empfindungen nicht danach fragen, ob sie statthaft sind. Dadurch entsteht die Gefahr, daß man *alle* Gefühle versuchsweise so lange schluckt, bis man sich selbst kaum mehr spürt.

Der Versuch der Verdrängung und das ständige Schlucken verstärken wiederum in vielen Fällen die Einsamkeit der meisten pflegenden Angehörigen, da sie mit diesen Gedanken um so weniger wagen, sich Außenstehenden mitzuteilen. Wie kann man jemandem diese Gefühle begreifbar machen, der selbst nicht in dieser Situation ist oder jemals war? Wie kann man Empfindungen vermitteln, die man selbst nicht akzeptieren kann? Wie reagieren Außenstehende, wenn sie erfahren, mit welchen Gedanken man sich plagt?

»Ich habe lange Zeit mit niemandem darüber gesprochen. Das kann man ja auch niemandem sagen, daß man manchmal so eine Wut auf die Eltern hat, daß man sie höchstpersönlich erwürgen könnte.«

Die Wut auf die Eltern kann emotionale oder auch andere, vor allem materielle Ursachen haben. Denn bei der Entscheidung, die Eltern ins Pflegeheim zu geben oder sie selbst zu pflegen, spielen auch – wie bereits beschrieben – finanzielle Aspekte eine Rolle.

Sehr viele Haushalte sind auf doppelte Einkommen angewiesen und können es sich nicht leisten, mit weniger Einnahmen zu leben. In vielen Fällen möchte keiner der Partner gerne zurückstecken und den eigenen Arbeitsplatz aufgeben, selbst wenn es finanziell machbar wäre, auf ein Einkommen zu verzichten.

»Obwohl es für mich eine klare Entscheidung war, meinen Vater niemals zu pflegen, komme ich im Moment doch sehr ins

Wanken. Das Pflegeheim kostet fast 5000 DM. Mein Bruder und ich, wir müssen jeder rund 1500 DM dazulegen, und nun überlege ich schon, ob ich ihn nicht doch zu mir nehme, um ein bißchen mehr Geld zu haben. Ich arbeite ja praktisch nur fürs Pflegeheim, und da muß man sich fragen, ob das sinnvoll ist. Aber gern mache ich das nicht.«

Durch Verzicht auf die eigene Arbeitsstelle entstehen oft Aggressionen auf die Person, für die der Verzicht geschieht, d.h. auf diesen Elternteil. Auch wenn Entscheidungen rational richtig und wichtig sind, der Kopf versteht dies vielleicht, aber der Bauch schnürt sich zusammen vor Wut und Enttäuschung über die notwendige Lebensveränderung und Einschränkung, die man für die Eltern hinnehmen muß.

»Wir haben meinen Vater aus finanziellen Gründen zu uns nach Hause geholt. Aber jetzt habe ich doch das Gefühl, von meiner Lebensqualität sehr viel eingebüßt zu haben, und damit habe ich massive Probleme.«

In manchen Fällen scheint es keinen Ausweg zu geben. Das Gefühl, einer Situation unentrinnbar ausgeliefert zu sein, erzeugt starke Wut. Dies ist sicherlich ein weiterer Grund, weshalb alte Menschen oft unter Aggressionen – von seelischer Mißhandlung bis hin zu körperlicher Gewalt – innerhalb der Familie zu leiden haben. In derartigen Fällen ist es wichtig, sich noch einmal zu überlegen, ob es wirklich keine andere Lösung gibt. Vielleicht kann eine Ideensammlung (zunächst ohne Zensur!) wieder von Nutzen sein oder Gespräche mit Außenstehenden. Beratungsstellen für ältere Bürger können dazu meist ebenfalls einen hilfreichen Beitrag leisten, aber auch allgemeine Lebensberatungsstellen und Selbsthilfegruppen.

Bei stark ausgeprägter Wut auf die Eltern ist häufig therapeutische Hilfe nötig. Manche Menschen hassen ihre Eltern so sehr, daß sie ihnen den Tod wünschen. Diese Gedanken erzeugen wiederum zur selben Zeit extreme Schuldgefühle. Wenn die Aggressionen bzw. Aggressionsphantasien gegen die Eltern derart übermächtig werden, scheint manchmal der einzige Ausweg in einem Suizid zu liegen, es scheint besser, sich selbst zu töten, bevor man die Eltern tötet.

Die ganze Energie, die hinter dem Tötungswunsch steckt, wird gegen sich selbst gerichtet. Auf diese Weise wird der Wunsch, daß die Eltern sterben mögen, umgangen, und Schuldgefühle scheinen nicht mehr nötig, da man statt den Eltern sich selbst das Leben nimmt.

Derartige Phantasien sind in der Regel ohne Therapie nicht aufzulösen. Erst die Bearbeitung der dahinterliegenden Konflikte kann eine Erleichterung bringen und einem Suizid vorbeugen.

Wenn es bereits zu einigen aggressiven Handlungen gegen die Eltern gekommen ist, kann therapeutische Hilfe ebenfalls sehr sinnvoll sein. Darüber hinaus sollte man sich auf jeden Fall bei den Eltern entschuldigen und aber auch überlegen, welche Möglichkeiten es gibt, aufkommende Aggressionen rechtzeitig in eine andere Richtung zu kanalisieren, d.h. sich einen Weg suchen, die Wut abzureagieren, indem man beispielsweise im Keller laut schreit, einen Boxsack bearbeitet, Holz hackt, Freunde anruft und ihnen sein Leid klagt usw.

In extremen Fällen ist vielleicht auch der Zeitpunkt gekommen, an dem man sich klar macht, daß man mit der Pflege überfordert ist und dringend Hilfe von außen notwendig wird.

Überlastung und Streß

Die tägliche Anspannung durch die Pflege kann zu einer erheblichen Überlastung führen. Aus einer neuen Untersuchung des Bundesinstituts für Berufsbildung (BIBB) aus dem Jahr 1997 geht hervor, daß selbst professionelle Kräfte in der Altenpflege überfordert sind. Ein Viertel der PflegerInnen gibt bereits nach einem Jahr den Beruf auf, da die tägliche Pflegearbeit zu belastend ist.

Dieses »Burnout-Syndrom«, d.h. das Gefühl ausgebrannt zu sein, eventuell verbunden mit Resignation und Zynismus, findet man bei pflegenden Angehörigen genauso wie bei professio-nellen Helfern. Es ist im Bereich der Pflege vor allem deshalb so ausgeprägt, da es zur körperlichen, zur emotionalen und zur geistigen Erschöpfung führen kann.

Die häusliche Pflege durch die Kinder, meist durch die Töch-ter oder Schwiegertöchter, ist für diese sogar in der Regel an-strengender als die professionelle Pflege, da es sich meistens um eine Pflege rund um die Uhr handelt. Sie müssen den Eltern je-den Tag zur Verfügung stehen, und auch nachts gibt es oft keine Möglichkeit, sich auszuruhen. Viele Eltern müssen auf die Toi-lette gebracht oder in eine andere Position gebettet werden.

Diese ständigen Belastungen führen zu großen inneren Span-nungen, zumal die Frauen, die ja meistens betroffen sind, sich häufig außerdem um ihren Partner und ihre Kinder kümmern müssen und den ganzen Haushalt versorgen. Viele Pflegende leiden nicht zuletzt aus diesen Gründen selbst unter psychoso-matischen Reaktionen. Die wenigsten haben einen Ort, an dem sie ausspannen und abschalten können.

Die persönliche Betroffenheit bildet einen zusätzlichen Streßfaktor. Die Auseinandersetzung mit dem körperlichen oder geistigen Abbau der Eltern führt oft zu einer emotionalen Erschöpfung. Neben der Wut auf die Eltern drückt sich dies vor allem in einem Gefühl großer Verzweiflung aus. Manchmal ent-steht daraus die Angst, einfach nicht mehr weitermachen zu können, und zugleich der Wunsch, nichts mehr zu sehen, zu hören und zu spüren und nur noch zu schlafen.

»Ich habe Tage, da weiß ich nicht mehr, wie es weitergehen soll. Wenn ich dann abends ins Bett falle, kann ich nur noch weinen. Manchmal hilft das, und ich kann wieder ein bißchen Mut fas-sen. Und manchmal weine ich mich in den Schlaf oder weine wohl auch im Schlaf, und am nächsten Morgen wache ich mit völlig verquollenen Augen auf. Eigentlich könnte ich da gleich wieder heulen.«

Manchmal scheint es keine Möglichkeit zu geben, dieser Situa-tion – wenn auch nur kurzzeitig – zu entfliehen. Die fortlaufende Belastung führt in vielen Fällen ebenfalls zur geistigen Erschöpfung. Die Pflege der Eltern beginnt ab dem frühen Morgen und dauert oft bis spät in die Nacht. Durch die permanente Anspannung bleibt kaum Zeit zum (Nach-)Denken. Allein ein Buch zu lesen, kostet schon Kraft. Für viele kommt allenfalls noch die Zerstreuung durch das Fernsehprogramm in Frage.

Der Dauerstreß wirkt sich auch negativ auf die Beziehung aus. In vielen Ehen kommt es durch die ständige Anspannung der Partnerin/des Partners zu extremen Mißstimmungen, da die Nichtpflegenden ebenfalls unter der Erschöpfung der pflegenden Partner leiden. Der pflegende Teil kommt dadurch wiederum noch mehr unter Druck, und der Versuch, allen gerecht zu werden, raubt noch mehr Energie. Eine Möglichkeit, diesem Teufelskreis wieder zu entfliehen, ist nicht mehr in Sicht. Viele vergessen dabei das eigene Leben.

Wo bleibt das eigene Leben?

Durch die zahlreichen und umfassenden Anforderungen werden viele pflegende Angehörige immer wieder an den Rand der Verzweiflung gebracht. Selbst wenn sie ein wirklich gutes Verhältnis zu ihren Eltern haben, stoßen sie immer wieder an die eigenen Grenzen. Diese Grenzen können durch organisatorische Probleme, aber auch durch physische Belastbarkeit gesetzt werden. Manchmal ist das Ausmaß der Erschöpfung einfach zu groß, und die pflegenden Kinder spüren kaum mehr Kraft in sich. Selbst mit dem besten Willen kommen viele immer wieder in Situationen, in denen sie ihren eigenen Ansprüchen nicht genügen, kaum ausreichend Zeit finden oder nicht die nötige Ausdauer haben für ihre Eltern. Schuldgefühle und Traurigkeit können sich breit machen.

Doch trotz aller Schwierigkeiten der Eltern muß man sich fragen: Inwieweit kann man das Leid der Eltern mildern, ohne sich um sein eigenes Leben zu bringen? Ist man nicht auch für sein eigenes Leben verantwortlich?

Als Antwort auf diese Frage kann die Entscheidung, die Eltern in ein Pflegeheim zu geben, genau die richtige sein. Bei aller Verantwortung für die Eltern muß man auch das eigene Leben in Rechnung stellen, das Leben in und mit der Familie, die man selbst gegründet hat. Diese Verantwortung bezieht sich in den meisten Fällen nicht nur auf die Partnerschaft, sondern auch auf die Kinder, die häufig auch in Mitleidenschaft gezogen werden, wenn ihre Großeltern zu sehr in den Lebensmittelpunkt rücken. Es ist sicherlich nicht leicht, ein Mittelmaß zu finden, aber für alle beteiligten Personen ist eine Lösung sinnvoll, bei der niemand allzusehr zu kurz kommt.

Neben der Lebenswelt Familie gibt es auch die eigenen individuellen Bedürfnisse. Viele – vor allem Frauen – vergessen über die Bedürfnisbefriedigung der einzelnen Familienangehörigen vollkommen sich selbst (wie es die meisten auch gelernt haben).

Die Bedürfnisse der Menschen lassen sich in Form einer Hierarchie darstellen, die von dem Psychologen Abraham Maslow in fünf verschiedene Stufen eingeteilt wurde. Er unterscheidet zwischen den biologisch-physiologischen Bedürfnissen, den Sicherheitsbedürfnissen, den sozialen Bedürfnissen, denen nach Anerkennung und Wertschätzung und schließlich dem Bedürfnis nach Selbstverwirklichung. Nach Maslow bauen die einzelnen Stufen aufeinander auf, d.h. erst wenn die erste Bedürfnisstufe befriedigt ist, kümmert sich der Mensch um die zweite usw.

Biologisch-physiologische Bedürfnisse

Die erste und wichtigste Stufe ist die Ebene der biologisch-physiologischen Bedürfnisse, dazu gehören Essen, Trinken, Schlaf und Sexualität. Schon diese Grundbedürfnisse sind bei vielen pflegenden Kindern bereits in irgendeiner Form beeinträchtigt. Der Streß schlägt sich häufig durch sich-selbst-schädigende Gewohnheiten im Alltagsverhalten nieder. Viele ernähren sich in dieser Situation zwar meist ausreichend, aber nicht gesund.

Dies beginnt bereits bei der Hektik, mit der häufig gegessen wird. Das Essen dient nur noch der Sättigung und nicht mehr dem Genuß.

Manche Menschen essen nicht nur schnell, sondern auch zu viel. Das Essen ist eine Art Ersatzbefriedigung geworden, um die Leere ihres Lebens aufzufüllen. Das Gefühl von Zufriedenheit und innerer Sattheit ist durch die permanente Anstrengung verloren gegangen.

»Wenn ich denn mal endlich sitze, weiß ich gar nichts anderes mit mir anzufangen als zu essen. Manchmal stopfe ich Unmengen in mich hinein. Aber letzten Endes wird's damit auch nicht besser. Ganz im Gegenteil, dann werde ich noch unzufriedener, weil ich auch noch so viel gegessen habe.«

Andere wiederum essen zu wenig. Die Dauerbelastung schnürt ihnen den Magen zu. Diese Nahrungsverweigerung kann fast bis zur Selbstaufgabe führen. Manchmal kann dahinter der unbewußte Wunsch stehen, selbst krank zu werden, um schließlich auf diese Weise eine Lösung zu erzwingen, d.h. damit durch »objektive« Gründe die Verantwortung abgeben zu können. Oft hat dieses Verhalten aber auch andere Gründe. Beispielsweise kann man permanent so stark unter Druck stehen, daß einfach keine Zeit zum Essen bleibt.

Dagegen nimmt der Alkoholkonsum während dieser Streßzeiten in vielen Fällen enorm zu. Auch diese Veränderungen ziehen meist schleichend ins Leben ein, ohne daß sie richtig bewußt werden. Ist man an dem Punkt angekommen, an dem das Ausmaß deutlich wird, finden sich häufig gute Ausreden. Eine klassische Beschönigung des eigenen Verhaltens lautet: »Wenn ich mir jetzt nicht mal mehr ein Gläschen Wein am Abend gönnen kann, was bleibt mir dann überhaupt noch?« Dabei wird meist übersehen, daß es schon längst nicht mehr nur bei einem Gläschen geblieben ist.

Auch verstärktes Rauchen oder erhöhter Konsum von Beruhigungsmitteln sind Folgen dieses schlechten Umgangs mit der eigenen Person. Viele Menschen reagieren mit einem derartigen

Suchtpotential und schädigen sich damit letzten Endes noch mehr.

Besonders häufig leiden pflegende Angehörige an Schlafstörungen. Der tagtägliche Streß und die Organisation von früh bis spät machen es ihnen manchmal unmöglich, plötzlich zur Ruhe zu kommen und Schlaf zu finden. Viele sind es gewohnt, rund um die Uhr wachsam zu sein und auf Geräusche aus dem Zimmer der Eltern zu lauschen. Selbst wenn es nächtliche Hilfe – beispielsweise durch andere Angehörige – gibt, drehen sich die Gedanken weiter, und es gestaltet sich schwierig, einfach abzuschalten. Der Griff zu Schlaftabletten scheint häufig das leichteste Mittel zu sein.

Auch der Bereich der Sexualität leidet nicht selten durch die Pflege der Eltern. Zum einen wirkt sich die ständige Anspannung meist lusthemmend aus, aber auch der Schlafmangel vermindert die Energie, um sich die Zeit zu gönnen, eine befriedigende Sexualität zu leben.

»Mein Mann beklagt sich schon öfters bei mir. Aber wenn ich endlich ins Bett komme, bin ich entweder todmüde oder ich bin noch mit halbem Ohr draußen, um zu hören, ob meine Mutter noch was braucht. Gerade gut finde ich das auch nicht, aber ich weiß nicht, was ich ändern soll.«

Die Beispiele zeigen deutlich, wie wenig die Grundfundamente der Bedürfnisse bei pflegenden Angehörigen abgesichert sind. Es gibt kaum einen Bereich, der nicht in irgendeiner Weise durch die Pflege beeinträchtigt wird.

Sicherheitsbedürfnis

Die zweite Stufe der Bedürfnishierarchie ist die Ebene der Sicherheit. Dazu gehört die Sorge um den Arbeitsplatz und um finanzielle Angelegenheiten. Viele Menschen leben in der Angst, ihren Arbeitsplatz zu verlieren, wenn sie durch die Pflege der Eltern zu sehr in Anspruch genommen werden. Sie nehmen lieber mehr Streß in Kauf, um weiterhin regelmäßig an ihrer Arbeitsstelle zu erscheinen und nicht durch Fehltage aufzufallen.

Allein schon die Angst vor finanziellen Belastungen durch die Bedürftigkeit der Eltern wirkt sehr beunruhigend, wie ein Damoklesschwert, das ständig über einem schwebt. Dieses Thema führt meist zu mehr Spannungen unter den Geschwistern als alle anderen Probleme, und viele verwenden viel Energie darauf, diese Situation so gut wie möglich zu umgehen.

Das Bedürfnis nach Sicherheit bezieht sich aber auch auf die Sorge um die eigene Gesundheit. Das Verantwortungsgefühl für die Eltern ist jedoch bei manchen so stark ausgeprägt, daß dem eigenen Körper tatsächlich nur die Flucht in die Krankheit als einziges Mittel bleibt, um sich selbst zu schützen.

»Hilfe hat mein Vater schon seit vielen Jahren gebraucht. Richtig pflegebedürftig ist er jetzt seit zwei Jahren, seit meine Mutter gestorben ist. Es nimmt viel Kraft weg, aber man merkt es erst nicht. Erst als es ganz schlimm wurde, als ich ständig nachts aufstehen mußte, da bekam ich eine schwere Bronchitis und war dann ständig krank. Als ich dann meine Stelle reduzierte, wurde es wieder besser.«

Es ist nicht immer leicht zu erkennen, daß man niemandem etwas Gutes tut, indem man sich selbst an den Rand des Zusammenbruchs bringt. Denn innere Wärme und Ruhe sind wichtige Voraussetzungen, um neue Kräfte zu tanken. Wenn man selbst nur noch bedürftig ist, kann man auch nichts geben.

Soziale Bedürfnisse

Soziale Bedürfnisse zeichnen die nächste Hierarchieebene aus. Während die beiden ersten Stufen sich auf das physische Überleben beziehen, soll in dieser Ebene das Bedürfnis nach Zuwendung und nach Zugehörigkeit zu einer Gruppe angesprochen werden, d.h. natürlich in erster Linie zur Familie, aber auch zu Freunden, zu Nachbarn, zu einem sozialen Umfeld.

Viele pflegende Angehörige klagen darüber, daß sie auf schleichende Art und Weise in eine völlige Isolation abdriften. Beziehungen brechen allmählich ab und weitergehende Interessen scheinen nicht mehr umsetzbar.

»Ich weiß gar nicht, wann wir zum letzten Mal im Kino waren. Ich könnte schon meinen Bruder anrufen und ihn fragen, ob er für ein paar Stunden kommt. Er würde es auch machen. Aber irgendwie scheu ich mich davor, ihn zu fragen. Ich mag nicht gern Bittstellerin sein. Da laß ich es lieber.«

Allein schon die Tatsache, jemanden fragen zu müssen, reicht schon als Hemmschuh aus, den Schritt nach außen zu wagen. Viele opfern sich lieber selbst auf, als andere Menschen – und sei es auch der eigene Bruder – um Hilfe zu bitten. Und tun sich damit keinen Gefallen!

Klammheimlich verarmen so, ohne daß es einem selbst bewußt wird, die bisherigen Kontakte. Außerhalb des Sich-Kümmerns um andere Menschen bleibt nichts mehr für einen selbst. Die meisten Gedanken drehen sich um die Organisation bzw. um die Planung der nächsten Schritte für den jeweiligen Tag, darum, was in den nächsten Stunden zu tun ist.

Bedürfnis nach Wertschätzung

So ist auch die nächste Stufe der Bedürfnishierarchie schwer zu befriedigen. Diese vierte Ebene zeichnet sich durch das Bedürfnis nach Wertschätzung aus. Dieses Bedürfnis ist jedem Menschen wohl vertraut, doch schlägt sich dies im Alltag selten nieder. Denn Lob wird meist seltener geäußert als Kritik.

Die Pflege von Angehörigen wird in unserer Gesellschaft wenig anerkannt. Gerade wenn man bedenkt, welch immensen Stellenwert die Pflege der Eltern im Tagesablauf einnimmt – und das oft über viele Jahre hinweg – und welcher finanzielle Aufwand der öffentlichen Hand damit erspart bleibt, erscheint die mangelnde Wertschätzung extrem unverständlich.

Aber selbst innerhalb der Familie genießt die Pflege oft wenig Ansehen. Manche Eltern erachten sie als eine Selbstverständlichkeit, die keiner besonderen Erwähnung bedarf. Andere können ihren Dank aufgrund ihres geistigen und körperlichen Abbaus nicht mehr in dem Maße zeigen, wie sie es vielleicht gerne tun würden. Denn manchmal sind aufgrund ihres Handicaps allenfalls nur kleine Zeichen möglich.

»Mein Vater kann zwar nichts mehr sagen, aber ich sehe an seiner Art, wie er bemüht ist, bei Kleinigkeiten mitzumachen und mich zu entlasten, daß er mir sehr dankbar ist, was ich für ihn mache.«

Während von den Eltern durchaus eine Form von Wertschätzung kommen kann, wird das Engagement von der übrigen Familie meist wenig anerkannt. Dies liegt vermutlich vor allem an dem Gefühl von Verlust, unter dem der Rest der Familie häufig leidet. Es fällt den meisten Menschen schwer, über ihren Schatten zu springen und andere für etwas zu loben, was zwar objektiv anerkennenswert wäre, aber was für einen selbst einen Verzicht bedeutet.

Da es oft schwierig bis hoffnungslos ist, auf das Lob der Umwelt zu warten, ist es empfehlenswert, sich dieses Lob selbst zukommen zu lassen. Dies kann in Form von positiven Selbstgesprächen sein (»Den Tag hast du gut gemeistert!«), aber auch durch eine kleine Belohnung, mit der man sich selbst verwöhnt. Man kann sich beispielsweise einen Eisbecher, einen freien Abend usw. gönnen, oder auch eine spezielle Sparbüchse anlegen zum Stillen eines aktuellen Bedürfnisses. Auf diese Weise werden auch größere Wünsche erfüllbar, wenn man sich jeden Abend – je nach finanziellen Möglichkeiten – 2 DM oder mehr als kleine Belohnung für die Mühen des Tages für ein bestimmtes Ziel zukommen läßt.

Bedürfnis nach Selbstverwirklichung

Die fünfte und letzte Stufe ist das Bedürfnis nach Selbstverwirklichung. Diese Ebene bleibt bei den meisten Pflegenden vollkommen auf der Strecke.

»Ich habe eigentlich mein ganzes Leben meiner Mutter gewidmet. Dadurch habe ich keine Hobbies und keine Interessen entwickelt. Mir ist das erst jetzt klar geworden, wo sie nicht mehr lebt. Ich habe doch tatsächlich immer geglaubt, solange ich bei ihr bin, ist meine Mutter am Leben.«

Das »eigentliche« Leben scheint draußen an einem vorbeizuziehen. Viele Menschen nehmen dies mit einer so großen Selbstverständlichkeit hin, daß ihnen die Tragweite der Veränderung ihres eigenen Lebens kaum bewußt wird. Sie haben oder nehmen sich gar nicht die Zeit, darüber nachzudenken, was sein *könnte*. Dazu ist die Gegenwart viel zu beklemmend und einschränkend. Alle anderen Gedanken werden lieber frühzeitig gehemmt.

Gerade durch diese gedankliche Einschränkung haben die meisten Menschen das Gefühl, sich in einer völlig ausweglosen Situation zu befinden. Das Problem beginnt bereits bei dem häufig vorkommenden Phänomen, daß jeder Einfall darüber, welche Möglichkeiten das Leben sonst noch bieten könnte, verloren geht. Wenn diese Basis fehlt, sind weitere Überlegungen zur konkreten Umsetzung erst recht undenkbar.

Je mehr die Welt der Phantasien und Träume eingeschränkt wird, weil sie als unerreichbar erscheint, desto beklemmender wird häufig die Realität empfunden. In dieser Situation der scheinbaren Ausweglosigkeit reichen Kleinigkeiten aus, um das Faß zum Überlaufen zu bringen. Alles vermittelt den Eindruck von Schwere, und der alltägliche Streß wächst zunehmend mehr an.

Durch den sich immer mehr ausdehnenden Berg wird häufig übersehen, daß es auch innerhalb des Alltags Möglichkeiten gibt, um sich selbst wieder ein wenig zu spüren. Genauso wie es Kleinigkeiten gibt, die das Faß zum Überlaufen bringen können, durchbrechen manch andere den täglichen Trott auf erholsame Weise. Und es ist für alle wichtig, sich dies zu gönnen.

»Manchmal reicht es mir schon, einfach mal einen Nachmittag für mich zu haben, um wieder auftanken zu können.«

Deshalb ist es sinnvoll, neben einer großen Konzeption zum Erhalt von Lebensgenuß und Freizeitmöglichkeiten auch kleine Ideen zur spontanen Umsetzung zu entwickeln, um viele der verschüttet gegangenen Lebensgeister und Fähigkeiten wieder zu spüren.

Weitere Möglichkeiten und Anregungen sollen im letzten Kapitel aufgezeigt werden.

Wenn die Partnerschaft leidet

Schon zu Zeiten, wenn die Eltern noch keine volle Pflege benötigen, wird die Partnerschaft häufig sehr belastet. Auch wenn die Eltern nicht im gleichen Haus leben – oder vielleicht gerade deshalb –, ist häufiger Kontakt mit ihnen notwendig. Die gesamte Routine der eigenen Familie muß deshalb in einem anderen Tempo und mit anderen Prioritäten ablaufen.

Wenn dann zum ersten Mal die Frage ansteht, ob ein Elternteil mit in die eigene Wohnung oder ins eigene Haus einzieht, leben die meisten Paare schon seit langem zusammen. Bis dahin haben sich in der Paargemeinschaft bereits viele ausgesprochene und unausgesprochene Regeln entwickelt, die durch jede weitere Person verändert werden. Die meisten Menschen wissen, wieviel Wandel die Kinder in das eigene Leben gebracht haben. Aber auch nach vielen Beziehungsjahren kann selbst ein Besuch von Freunden übers Wochenende viel Unruhe in den seit langem eingespielten Lebensrhythmus mit sich bringen, gleichgültig ob dies positiv oder negativ bewertet wird. Wieviel mehr an Wandel bedeutet es, wenn die Überlegung ansteht, die Mutter oder den Vater zu sich zu nehmen. Die Aufnahme eines Elternteils muß deshalb eine Entscheidung sein, die von beiden Partnern gemeinsam gefällt wird.

Veränderung des Alltags und der Beziehungen

Bereits ab dem frühen Morgen muß die häusliche Organisation des Tages so angelegt sein, daß der pflegebedürftige Elternteil in entsprechendem Maße miteinbezogen wird. Wenn am Abend alle Familienmitglieder versorgt sind, reicht häufig die Zeit nicht mehr, um sich ein wenig auszuruhen und mit dem Partner zu sprechen, all den Kummer des Tages abzulassen oder auch ein bißchen Frieden zu finden.

»Ich habe meinen Tag allmählich gut im Griff. Nach anfänglichen Schwierigkeiten haben wir jetzt einen reibungslosen Ablauf. Allerdings bin ich am Abend vollkommen geschafft. Ich habe keine Lust mehr, irgend etwas zu unternehmen. Ich will eigentlich nur mehr ins Bett. Ich komme nicht einmal mehr dazu, mit meinem Mann mal wieder in Ruhe zu reden.«

Die Partnerschaften pflegender Angehöriger werden überwiegend aus diesen Gründen belastet. Der pflegende Teil ist meist ständig überlastet und aus dieser Anspannung heraus nicht mehr fähig, wie in früheren Zeiten auf die Bedürfnisse des Partners einzugehen. Ein großer Teil der bisher gemeinsam verbrachten Zeit wird für die Pflege verwendet. Die ständige Belastung führt häufig zu gereizten Reaktionen, und viele Unternehmungen der Partner finden aus Zeitmangel, aber auch durch die Erschöpfung und der damit verbundenen Antriebslosigkeit, kaum mehr statt.

Die bisherige Beziehungsstruktur mit ihrer gewohnten Routine verändert sich, das bedeutet für jede Partnerschaft einen Verlust des bisherigen Alltags. Dieser Verlust wird jedoch entsprechend der jeweiligen Position unterschiedlich bewertet, die damit verbundenen Gefühle unterscheiden sich je nach der jeweiligen Betroffenheit.

Die pflegenden Partner nehmen den Verlust des bisherigen Tagesablaufs häufig in geringem Maße wahr, da für sie andere Aufgaben in das Leben getreten sind. Die Veränderung ist sicherlich spürbar, doch das Verlustgefühl kann überdeckt werden durch das Gefühl, verpflichtet zu sein und gebraucht zu werden.

Die Partner pflegender Angehöriger sehen diesen Wandel aus einer anderen Perspektive. Sie müssen die Zeit und die Zuwendung ihrer Frau oder ihres Mannes mit den Eltern oder Schwiegereltern teilen. Die Zeit für die Partnerschaft, für die Zweisamkeit und Intimität nimmt ab.

»Mein Mann findet das alles ziemlich schlimm. Er kennt meine Eltern ja nun auch von früher, und er hat sie auch so erlebt, daß sie nicht sehr hilfreich sind. Mein Mann meint, daß meine Mutter viel zuviel Raum einnimmt, was mich angeht. Und es ist klar, so eine Familie möchte schließlich auch, daß die Mutter sich in voller Kraft auf die Aufgaben stürzt, die da in der Familie sind und nicht jetzt immer belastet ist und nicht schläft.«

Für viele Partnerschaften ist diese Zeit eine Zerreißprobe. Da die Aufgaben für gewöhnlich ungleich verteilt sind, lastet der Druck meist nur auf den Schultern einer Person, während von der Partnerin bzw. dem Partner erwartet wird, Verständnis zu zeigen und Hilfe anzubieten.

»Mein Mann ist eigentlich sehr verständnisvoll. Es gibt natürlich immer mal auch Ärger zwischen uns, vor allem wenn ich abends völlig kaputt bin. Aber letzten Endes weiß er ja auch, daß das mit seiner Mutter auch passieren kann. Sie ist auch schon alt, und wenn sie ein Pflegefall wird, müssen wir sie auch aufnehmen.«

Das Wissen darum, daß die eigenen Eltern ebenfalls in diese Situation kommen könnten, hilft jedoch häufig nur in begrenztem Maße. Manchmal kann sich dieser Gedanke sogar ins Gegenteil kehren, da ja eine weitere Belastung droht. Im Moment spürt der/die Partner/in deutlich, daß viel an Zuwendung verloren geht, und das ist das einzig Entscheidende. Fast erinnert diese Situation an alte Kinderzeiten, als die Mutter sich auch um die anderen Geschwister kümmern mußte. Die Partnerin bzw. der Partner kümmert sich nun um die Eltern und zieht damit viel an Energie und an Aufmerksamkeit von der Partnerschaft ab. Irgendwann kommt dann doch der Punkt, an dem der Geduldsfaden zu reißen droht.

»Also mein Mann ist der Meinung, das kann jetzt höchstens noch ein Jahr so weitergehen, aber dann muß eine Lösung für meine Mutter gefunden werden. Aber er weiß, ich hätte so Schuldgefühle, deshalb setzt er mich nie unter Druck.«

Mangel an gemeinsamer Zeit

Der Zeitaufwand für die pflegebedürftigen Eltern ist einer der Hauptstreitpunkte in Partnerschaften. Selbst wenn die Mutter oder der Vater in einem Heim leben, ist dies für die meisten Paare immer noch eine große Belastung, denn auch die Besuche nehmen in der Regel viel Zeit in Anspruch und wirken sich vor allem auf die gemeinsamen Wochenenden aus. Ständig steht die Frage im Raum: Wieviel Zeit ist für die Eltern notwendig und wieviel bleibt für die Partnerschaft?

»Ich wollte gerne meine Mutter jeden Samstag bei uns haben. Aber mein Mann hat klar gesagt, das ist ihm zuviel. Wenn ich das unbedingt bräuchte, dann unternimmt er eben etwas mit den Kindern. Dann hätte ich genügend Zeit, mit meiner Mutter allein zu sein, wenn ich das bräuchte für mein Seelenheil. Aber für mich ist das wichtig, denn sonst ginge es mir auch schlecht. Und wenn ich sie sehe, dann weiß ich wenigstens, wie es ihr geht.«

Die Äußerungen des Mannes zeigen einerseits eine bestimmte Bereitschaft, den Wünschen seiner Frau nachzukommen, machen aber auch zur selben Zeit klar, daß er damit nicht glücklich ist. Kompromisse müssen sicherlich in jeder Situation gefunden werden, d.h. Lösungen, mit denen alle leben können. Eine Möglichkeit läge beispielsweise in der Abmachung, daß er vierzehntägig mit den Kindern einen Ausflug macht und sie einmal monatlich alle gemeinsam ein Wochenende ohne zu pflegende Mutter verbringen.

Der Mangel an gemeinsam verbrachter Zeit nimmt noch zu, wenn – wie es häufig geschieht – die Eltern beider Partner zur selben Zeit (pflege-)bedürftig werden. Beide Seiten fordern dann von ihren Kindern ihr Recht auf Besuche oder Unterstützung ein und gehen manchmal untereinander in Konkurrenz, wer mehr Zuwendung von den Kindern bekommt. In diesen Fällen ist eine genaue Absprache unabdingbar, um die Beziehung nicht noch mehr zu belasten oder gar zu gefährden.

Familienklima

Es ist schwierig, die Zeit für alle Beteiligten gerecht aufzuteilen. Eine Möglichkeit liegt in der Planung von gemeinsamen Besuchen bei beiden Elternteilen einerseits, aber auch von getrennten, die parallel zur selben Zeit stattfinden, andererseits. Damit kann man versuchen, ein möglichst gutes Zeitmanagement zu entwickeln, um auch noch verbleibende Zeit für die Beziehung zu haben. Dafür sind jedoch gründliche Gespräche unabdingbar, sowie bei beiden Partnern die gleiche Bereitschaft, die Verantwortung für das familiäre Klima zu übernehmen.

Nicht nur für die Beziehung selbst ist diese Offenheit bedeutend, auch für unsere Kinder ist es wichtig, ihre Eltern glücklich miteinander zu sehen. Eltern haben eine Vorbildfunktion. Diese bezieht sich auf das gesamte Leben, d.h. auf den Umgang mit den Großeltern und aber vor allem auf die Partnerschaft. Für die Kinder spielt die Art der Beziehung zwischen ihren Eltern eine große Rolle. Sie beobachten sehr genau, wie die Eltern miteinander umgehen, ob sie sich gegenseitig die nötige Wärme und Geborgenheit geben, und nicht zuletzt, wie sie Konflikte und Spannungen miteinander lösen.

Zudem darf nicht vergessen werden, daß sich das familiäre Klima auch auf unsere Kinder auswirkt. Meist geht durch die Pflege der Eltern auch den Kindern viel Zeit von unserer Zuwendung verloren.

»Meine Tochter sagte neulich: ›Hoffentlich werde ich schnell alt und krank, dann spielst du wenigstens wieder mit mir!‹ Das gab mir doch etwas zu denken.«

Nicht alle Kinder sagen so deutlich, daß sie sich vernachlässigt fühlen. Deshalb ist es sehr wichtig, wachsam zu sein für ihre Alarmsignale und sie so viel wie möglich mit einzubeziehen. Vermutlich müssen sich die meisten Paare immer wieder bei ihren Betreuungsaufgaben aufteilen und d.h. genau überlegen, wer sich wann um die Kinder kümmert und wer um die Eltern.

Die Kinder brauchen zum einen weiterhin unsere Aufmerksamkeit, können aber auch – je nach Alter – bereits mit kleinen pflegerischen Aufgaben beauftragt werden, um sie mit den Problemen, aber auch mit der Natürlichkeit des Alterns vertraut zu machen und den Kontakt zwischen den Generationen nicht abreißen zu lassen.

Offenheit für Gespräche

Für viele Paare ist es sehr schwer, offen über ihre jeweiligen Probleme und Bedürfnisse zu sprechen. Zudem stauen sich im Laufe der Jahre sehr viele Vorwürfe an, die entweder schon tausendmal gefallen sind oder die aus Angst vor Verletzungen noch nie angesprochen wurden. Die ständige Belastung durch die zu pflegenden Eltern läßt nun zudem wenig Zeit zum Gespräch und kann zu einer allmählichen Distanzierung zwischen den Partnern führen. Manchmal ist die Kommunikation vollends abgeschnitten, und keiner weiß, wie dieses Schweigen zu durchbrechen ist. Niemand wagt die offene Konfrontation mit der angespannten Situation. Das altbewährte Muster des Aussitzens und Abwartens im eigenen Unglück führt zu Distanz und Wortlosigkeit. Viele Paare fangen an, sich in ihre je eigene Welt zu vergraben, jeder baut sich eine individuelle Welt auf, lebt vor sich hin oder versucht, Zuwendung außerhalb der Beziehung zu finden.

Manchmal bedarf es bestimmter Hilfsmittel bzw. kleiner Tricks, um diesen Teufelskreis zu durchbrechen. Beispielsweise kann man sich eine Pin-Wand anschaffen, um die wichtigsten Gesprächspunkte schon mal zu notieren und sie am selben Abend zu diskutieren. Man kann auch eine einmal wöchentlich stattfindende regelmäßige Gesprächsstunde einführen, um sich anfallenden Ärger rechtzeitig mitzuteilen. Aber dies sollte bewußt nur *eine* Gesprächsstunde sein, um das Treffen nicht nur problembeladen zu gestalten.

Vor allem bei lang angestauten Problemen laufen die wenigsten Gespräche ruhig und entspannt ab. Meist nimmt die Lautstärke schnell zu, und die Diskussion wird unsachlich. An diesem Punkt angekommen, ist es wichtig, sofort einen Schnitt zu machen und in einen anderen Raum zu gehen, um dort weiter zu diskutieren. Dieses Zimmer sollte nach Möglichkeit weit entfernt von dem ursprünglichen Gesprächsraum sein. Keller oder Dachboden bieten sich unter anderem dafür an.

Manchmal ist es schwierig, die verfahrene Situation ohne Hilfe von außen zu durchbrechen. In einer *Paartherapie* wagen es viele Paare schließlich wieder, sich füreinander zu öffnen und in diesem geschützten Rahmen viele bislang unausgesprochene Dinge zu sagen. Mit Hilfe eines Therapeuten können die Partner ihre unterschiedlichen Positionen darstellen:

• Da ist der pflegende Teil, der sicherlich auch den Verlust der bisherigen Gemeinsamkeit spürt, doch zur selben Zeit auch mit Verantwortungs- und Schuldgefühlen den Eltern gegenüber kämpft. Das Gefühl der Zerrissenheit zwischen beiden Seiten, der Druck und die Anforderungen machen stumm.

- Auf der anderen Seite steht die Partnerin oder der Partner, die vor allem den Verlust der bisherigen Zuwendung und Nähe spüren. Die Hilflosigkeit und das Gefühl der Hoffnungslosigkeit erzeugen oft Wut. Manchmal üben sie Druck aus, in vielen Fällen scheint die einzige Lösung im Rückzug zu liegen. Andere Möglichkeiten werden – manchmal auch aus Trotz – ignoriert.

Die Aussprache über die jeweiligen Positionen und Gefühle ist bereits ein sehr wichtiger Schritt zur Verbesserung des häuslichen Klimas. Die Starrheit löst sich, und das Schweigen wird endlich gebrochen. Die Beziehung kommt wieder in Bewegung.

Manche erwachsenen Kinder verwenden auffallend viel Zeit für die Pflege ihrer Eltern. Diese sind zum Lebensmittelpunkt geworden, und die Beziehung ist nur noch nebenbei existent. Durch eine Aussprache im therapeutischen Rahmen kann beispielsweise aufgedeckt werden, daß hinter dem Verhalten des pflegenden Partners in Wirklichkeit enorme emotionale Defizite stecken. Anerkennung, Zärtlichkeiten und Sexualität kommen oft zu kurz. Viele Ehen sind seit Jahren angespannt, doch keiner der Partner wagt, Wünsche und Bedürfnisse zu formulieren. Die Kommunikation, die noch stattfindet, besteht in erster Linie aus gegenseitigen Vorwürfen und Verletzungen. So wird die Pflege manchmal zum Alibi, um sich der Beziehung und den mit ihr verbundenen Problemen nicht (mehr) stellen zu müssen.

Die Klärung dieser Schwierigkeiten ist eine wichtige Grundlage für weitere Schritte zur Stabilisierung der Beziehung. Denn nach der Aufdeckung muß überlegt werden, welche Veränderungsmöglichkeiten gewünscht werden und auch umsetzbar sind. Man kann in der Therapie häufig erleben, daß die Paare sich zwar sehr wohl an die glücklichen Anfänge der Beziehung erinnern können, an all das, was damals möglich war. Gleichzeitig fehlt ihnen jedoch jegliche Phantasie dafür, wie sie zumindest Teile davon auch heute noch umsetzen können. Es gibt tausend Ausreden, von der mangelnden Zeit angefangen bis hin zu finanziellen Gründen. Auch in jungen Jahren hatten die meisten Menschen wenig Geld, und trotzdem war vieles möglich.

Das Zeitproblem ist sicherlich größer bzw. die Organisation des Alltags mit pflegebedürftigen Angehörigen ist aufwendiger geworden.

Trotzdem gibt es fast immer Gelegenheiten, sich über einen kurzen Zeitraum eine Verschnaufpause zu gönnen. Beispielsweise kann man sich durch die Unterstützung von Verwandten oder Freunden einen freien Abend für einen gemeinsamen Kinobesuch oder ein gemeinsames Abendessen in einem Restaurant verschaffen. Aber auch Wochenenden oder Urlaub sind organisierbar, sei es durch Verwandte, Nachbarn oder auch durch professionelle Pflegekräfte.

Die meisten Menschen bleiben bereits bei den ersten Gedanken in diese Richtung hängen und tun dies als nicht umsetzbar ab. Daß dennoch vieles möglich ist, bewies ein Nürtinger Projekt. Es wurde eine Sammlung für pflegende Angehörige veranstaltet, um finanzielle Probleme auszuschalten, und tatsächlich konnten sich *alle* ein freies Wochenende verschaffen. Wichtig ist erst einmal, sich mehr Freizeit zuzugestehen, sich zu erlauben, sich entspannen zu dürfen, um dann mit wiedererlangter Kraft und Energie neue Ideen zu sammeln. Der zweite Schritt ist, sich nicht davor zu scheuen, andere Menschen an der Pflege zu beteiligen und Hilfe von außen zu akzeptieren, selbst wenn diese die Pflege nicht exakt nach den eigenen Vorstellungen erledigen.

Alle Ideen, die einer ausgeglichenen Partnerschaft dienen, sollten mit einbezogen werden. Es kann Spaß machen, sich gemeinsam alte Zeiten ins Gedächtnis zu rufen, über sich selbst zu lachen und vielleicht aus der Erinnerung an Vergangenes heraus neue Pläne zu schmieden.

Konkrete Hinweise: Welche Hilfe von außen gibt es?

Wenn Eltern pflegebedürftig werden, scheint die Entscheidung für ein Heim oft die einzige Möglichkeit zu sein, mit dem Problem umzugehen. Es gibt jedoch mittlerweile noch viele andere

Wege, die es den Angehörigen ermöglichen, die Eltern bei sich zu Hause aufzunehmen und dabei – vor allem tagsüber – entlastet zu werden.

Die unterschiedlichen Stadien des Krankheitsverlaufs bergen verschiedene Möglichkeiten der mentalen Verarbeitung und der organisatorischen Planung in sich. Je kürzer die Vorbereitungszeit ist, desto schwieriger ist es, sich darauf einzustellen. Häufig liegen hier die Tücken des Alltags in Kleinigkeiten. Wie können sich die Eltern am Morgen am besten anziehen? Wie gestalten wir das gemeinsame Essen am einfachsten? Man ist plötzlich mit Fragen wie diesen konfrontiert. Durch ein langsames Hineinwachsen wird in vielen Fällen der Einfallsreichtum der Angehörigen größer, denn viele Probleme lassen sich schon durch einfache mechanische Erfindungen lösen.

Hilfen für den Alltag

Einige technische *Hilfsmittel* sind bereits im Handel erhältlich. Beispielsweise kann man in speziellen Geschäften »Strumpfanzieher«, Frühstücksbrettchen mit Saugnäpfen, höhenverstellbare Waschbecken oder Badewannenlifter erwerben. Darüber hinaus gibt es noch eine Vielzahl an Möglichkeiten, das tägliche Leben zu erleichtern. Wichtig ist zunächst festzustellen, an welchen Punkten die Eltern mit Handicaps kämpfen, um diese dann eventuell mit eigener Kreativität zu überwinden.

Viele alte Menschen leiden zum Beispiel unter einem leichten bis starken Tremor, d.h. Zittern. Hier kann man unter anderem überlegen, welche Dinge man festbinden, festkleben oder so beschweren kann, daß sie für die Eltern leicht handhabbar werden. Viele Gegenstände kann man durch einfache Veränderungen griff- und rutschfester machen. Durch Gummischläuche bzw. -matten oder ähnliche Materialien ist vieles hand- oder trittfester zu gestalten. Zu diesem Zweck können auch die bereits oben genannten Saugnäpfe auf vielfältige Art und Weise eingesetzt werden. Notfalls sind auch Schraubzwingen zwar wenig dekorativ, aber von Nutzen.

Auch auf Fachmessen kann man spezielle behindertengerechte Hilfsmittel besichtigen. Über Ort und Zeitpunkt solcher Messen geben Beratungsstellen für ältere Bürger Auskunft. In jedem einzelnen Fall sollte jedoch in aller Ruhe überlegt werden, inwieweit die häufig als wunderbar angepriesenen und als sehr nützlich erscheinenden Geräte tatsächlich auch für den eigenen Bedarf bzw. den der Eltern zweckmäßig und geeignet sind.

Vor einigen Jahren hat sich ein eigener Zweig der Gerontotechnik herauskristallisiert. Die Gesellschaft für Gerontotechnik in Iserlohn vergibt für seniorengerechte Hilfsmittel und Geräte ein eigenes Gütesiegel mit der Aufschrift »GGT geprüft«. Es ist jedoch vor einer größeren Anschaffung zu empfehlen, zusätzlich bei der Stiftung Warentest genauere Erkundigungen über den Sicherheitsstandard des jeweiligen Gerätes einzuholen.

Die Ausstattung mit Hilfsmitteln erleichtert den Alltag sicherlich erheblich, doch das eigene Wissen über die notwendigsten pflegerischen Handgriffe spielt ebenfalls eine wichtige Rolle. Mittlerweile werden von den Pflegekassen selbst oder in Zusammenarbeit mit anderen Einrichtungen kostenlose *Kurse für pflegende Angehörige* angeboten. Vor allem wenn die Pflege für die Eltern plötzlich übernommen werden muß, haben die Angehörigen kaum Zeit, in ihre neue Aufgabe hineinzuwachsen und sich kundig zu machen. Ein Pflegekurs bietet dann schnell die Möglichkeit, die notwendigen Fertigkeiten zu erwerben. Darüber hinaus werden Informationen und Beratung angeboten, um die häusliche Pflege zu erleichtern und die Pflegenden zu entlasten. Bei den Pflegekassen kann man die aktuellen Termine für die nächsten Kurse erfragen.

Hilfen von außen

Durch die vielfältigen Angebote für pflegebedürftige Menschen ist es mittlerweile oft möglich, die Eltern zu sich zu nehmen und trotzdem weiter berufstätig zu bleiben. Grundvoraussetzung dafür ist die Bereitschaft der Pflegenden, Hilfe von Außenstehenden anzunehmen. Viele Pflegende sind der Meinung, daß nur sie selbst diese Aufgabe übernehmen können. Dabei wird häufig übersehen, daß zwar die emotionale Beziehung zwischen Eltern und Kindern tatsächlich am dichtesten ist, daß aber gerade dies unter Umständen auch von Nachteil sein kann. Die Neutralität Außenstehender bringt manchmal eine andere Art von Offenheit mit sich, die durchaus entlastend für die Eltern sein kann. Manche empfinden es als weniger peinlich, in intimen Bereichen von fremden Menschen gepflegt zu werden als von der eigenen Tochter oder dem eigenen Sohn. Die Scham vor professionellen Helfern ist oft geringer, da die meisten Menschen von klein auf daran gewöhnt sind, zum Arzt oder manchmal auch ins Krankenhaus zu gehen und sich dort vor Fremden nackt zu zeigen und sich untersuchen zu lassen.

Deshalb ist es wichtig, sich vorab Gedanken darüber zu machen, ob man sich vorstellen kann, erwerbsmäßig Pflegende in das eigene Haus zu lassen und diese auch mit ihren Vorstellungen und Ansätzen zu respektieren. Im Unterschied zu anderen Hilfsleistungen dringen hier die Helfenden sehr stark in den Privat- und Intimbereich ein. Dies kann zunächst sowohl für die Eltern wie auch für die Angehörigen eine unangenehme Vorstellung sein. Hier geht es ja nicht nur um die technische Abwicklung irgendwelcher Formalitäten, sondern um eine besondere Form der Beziehung, die sich im Lauf der Zeit immer stärker verfestigen kann (oder auch nicht). Sympathie und Antipathie spielen eine Rolle, wenn die Überlegung ansteht, eine oder mehrere fremde Personen für einen längeren Zeitraum regelmäßig in die eigene Wohnung zu lassen. Denn die Beziehung zwischen zu pflegender Person, Angehörigen und Pfleger/in muß wegen der hohen Intimität für alle Beteiligten stimmig und akzeptabel sein. Die Entscheidung für diese Form von Hilfe ist deshalb manchmal kompliziert.

»Ich bin froh, daß mein Vater eine abgeschlossene Wohnung hat, denn ich habe damit Probleme, daß da immer jemand Fremdes im Haus ist. Ich höre sie nur von hier oben, das reicht mir.«

Die Hilfsangebote haben sich in den letzten Jahren enorm differenziert. Durch die Einführung der Pflegeversicherung wurden mehr Tagespflegeeinrichtungen aufgebaut, die die Möglichkeit bieten, die zu pflegenden Angehörigen während des Tages zu versorgen. Auf diese Weise kann oft ein Pflegeheim vermieden und die eigene Berufstätigkeit aufrechterhalten werden. Durch die externe Betreuung der Eltern während des Tages ist nur die routinemäßige Versorgung am Morgen und am Abend nötig.

Pflegeversicherung

Im Bereich der ambulanten Hilfs- und Pflegedienste sind derzeit ca. 6 000 Einrichtungen den Wohlfahrtsverbänden angegliedert. Darüber hinaus gibt es eine Vielzahl privater Anbieter, die seit der Einführung der Pflegeversicherung vermehrt auf dem Markt auftreten. Es lohnt sich jedoch durchaus, die einzelnen Angebote durchzugehen und im Detail zu vergleichen. Darüber hinaus gibt es Nachbarschaftshilfe, Krankenpflegevereine und spezifische Pflegekräfte. Vor allem bei körperlichen Gebrechen der Eltern kann es sehr hilfreich sein, sich nach der Möglichkeit zu erkundigen, eventuell auch nur tagsüber stundenweise Zivildienstleistende einzusetzen. Durch diese Form der Kurzbetreuung ist es möglich, sich für ein paar Stunden zu entspannen, in aller Ruhe zum Einkaufen zu gehen oder einfach mal ein Buch zu lesen, ohne permanent in Gedanken bei den Eltern zu sein.

Damit die Pflegeversicherung greifen kann, müssen mehrere Voraussetzungen erfüllt sein. Die Eltern müssen in unterschiedlichen Bereichen des täglichen Lebens pflegebedürftig sein, nämlich bei der Körperpflege, der Ernährung, der Mobilität und/oder der hauswirtschaftlichen Versorgung. Diese Pflegebedürftigkeit muß sich auf »gewöhnliche und regelmäßig wiederkehrende Verrichtungen des täglichen Lebens« beziehen, und die Hilfe muß täglich nötig sein:

- Zur Körperpflege gehören die Bereiche Waschen, Duschen, Baden, Kämmen, Rasieren, Zahnpflege und Blasen- und Darmentleerung.
- Der Bereich Ernährung umfaßt das mundgerechte Zubereiten und die Aufnahme der Nahrung.
- Unter Mobilität werden das Aufstehen und Zubettgehen, An- und Auskleiden, Gehen, Stehen, Treppensteigen innerhalb der Wohnung und Arztbesuche verstanden.
- Zur hauswirtschaftlichen Versorgung zählen Einkaufen, Kochen, Reinigung der Wohnung, Spülen, Wechseln der Wäsche, Waschen der Kleidung, Bügeln und Beheizen der Wohnung.

Wenn die Eltern in diesen Bereichen pflegebedürftig sind, lohnt es sich, einen Antrag bei der zuständigen Pflegekasse zu stellen, die bei der jeweiligen Krankenkasse angesiedelt ist. Dann meldet sich eine Mitarbeiterin oder ein Mitarbeiter des Medizinischen Dienstes der Krankenkassen (MDK) für einen Hausbesuch an. Es handelt sich dabei um eine Ärztin oder einen Arzt, die alleine oder gemeinsam mit einer Pflegekraft zur Begutachtung kommen. Ziel dieses Besuches ist, aufgrund der oben genannten Kriterien genau festzustellen, in welchen Bereichen die Eltern noch selbständig für sich sorgen können und wo Hilfe notwendig ist.

Die Kriterien werden sehr streng gehandhabt, d.h. die Eltern müssen in diesen Bereichen einen deutlich erhöhten Bedarf an Hilfe haben. Diese Bedürftigkeit muß täglich und für eine Dauer von mindestens sechs Monaten bestehen. Der Hilfebedarf und damit die Pflegezeit wird anerkannt, wenn die Eltern einige oder alle diese »Verrichtungen des täglichen Lebens« nicht mehr selbständig leisten können und diese somit von einer Pflegeperson übernommen werden müssen.

Bereits die Notwendigkeit, die Eltern bei der »Verrichtung des täglichen Lebens« anleiten, unterstützen oder beaufsichtigen zu müssen, wird als Pflegezeit anerkannt. Wer auch immer sich an der Pflege beteiligt, ob Familie, Freunde oder Mitarbeiter/innen eines Pflegedienstes, die geleisteten Arbeitsstunden aller Beteiligten werden zusammengezählt. Wichtig ist jedoch dabei, daß der zeitliche Aufwand für die pflegerischen Tätigkeiten – d.h. für die Körperpflege, die Mobilität und für die Ernährung – höher sein muß als die hauswirtschaftlichen Leistungen wie Einkaufen, Spülen usw.

Aufgrund der Kriterien wird festgelegt, in welche der drei Pflegestufen die Eltern eingeteilt werden. Eine ausführliche Darstellung ist im vierten Kapitel zu finden.

Bei der Begutachtung wird darüber hinaus festgestellt, ob weitere Maßnahmen notwendig sind, um eine Verschlimmerung der Pflegebedürftigkeit zu verhindern oder zumindest einzudämmen. Zu diesen Maßnahmen gehören die medizinische Rehabilitation und technische Hilfen wie Nachtstuhl, Wannenlifter, Haltegriffe am Bett usw.

Angehörige, die für die Eltern einen Antrag auf die Übernahme der Pflegekosten gestellt haben, müssen sich darüber im klaren sein, daß sie, selbst wenn der Antrag positiv beschieden wird, noch einige Zeit überbrücken müssen. Bis die Entscheidung gefällt wird, ob und in welchem Maße die Leistungen übernommen werden, vergehen noch einige Wochen.

Häufig deckt der Betrag, der durch die bewilligte Pflegestufe zur Verfügung steht, die tatsächlichen Kosten des Pflegebedarfs nicht ab. Denn die Pflegeversicherung ist keine Vollversicherung. Vor allem im hauswirtschaftlichen Bereich kann es zu finanziellen Lücken kommen, da dieser als zweitrangig eingestuft wird. In diesen Fällen muß aus eigenen Mitteln zugezahlt werden, was für viele Menschen eine große finanzielle Belastung bedeutet. Erst wenn das Einkommen oder auch die Rente nicht ausreichen, kann eine finanzielle Unterstützung beim Sozialamt beantragt werden.

Der Gang zum Sozialamt ist andererseits für viele Menschen eine Demütigung und daher mit viel emotionaler Abwehr verbunden. Nach dem offiziellen Eingeständnis der Pflegebedürftigkeit der Eltern muß nun auch noch die finanzielle Not eingestanden werden. Trotzdem ist dieser Schritt in manchen Fällen unumgänglich, um selbst finanziell überleben zu können.

Trotz der Pflegeversicherung kann die Pflege zu Hause manchmal nicht ausreichend sichergestellt werden, zum Beispiel wenn die Angehörigen tagsüber außer Haus berufstätig sind und keine Möglichkeit haben, die Pflege der Eltern in befriedigendem Maß abzudecken. In diesen Fällen besteht ein Anspruch auf teilstationäre Pflege. In geeigneten Einrichtungen werden die Eltern tagsüber betreut und versorgt. Voraussetzung ist jedoch, daß sie transportfähig sind und daß die Pflege der Eltern zu Hause, d.h. nachts und am Wochenende, möglich ist. Die Entscheidung, die Eltern im eigenen Haus zu versorgen, fällt dadurch vielen berufstätigen Angehörigen wesentlich leichter.

Darüber hinaus werden für Pflegebedürftige spezielle Pflegemittel und technische Hilfen angeboten, die in den meisten Fällen auch leihweise überlassen werden. Dazu gehören unterschiedliche technische Mittel zur Erleichterung der Pflege. So sind z.B. die meisten normalen Betten für die tägliche Pflege Bettlägriger ungeeignet. Durch besondere, für pflegebedürftige Menschen geeignete Betten, durch Bettenzubehör, Bettzurichtungen und spezielle Pflegebettische und Liegestühle kann der Alltag erheblich erleichtert werden.

Außerdem gibt es Hilfsmittel für Körperpflege und Hygiene. Diese werden bei Bedarf von der Pflegekasse finanziert. Die Hygiene im Bett kann durch spezielle Produkte wesentlich verbessert werden, zum Beispiel durch Bettpfannen, Urinflaschen, wiederverwendbare Bettschutzeinlagen oder Urinflaschenhalter und -Schiffchen. Wenn die Eltern in hohem Maße körperlich beeinträchtigt sind, können Hilfsmittel wie spezielle Kopfwasch- bzw. Ganzkörperwaschsysteme die tägliche Wäsche der Eltern sehr vereinfachen.

Darüber hinaus besteht auch ein Anspruch auf Pflegehilfsmittel, welche die selbständige Lebensführung bzw. Mobilität der Eltern erleichtern, wie beispielsweise spezielle Hausnotruf-systeme.

Die Linderung von Beschwerden ist ein weiteres Kriterium für einen Anspruch auf Hilfsmittel. Dazu gehören spezielle Lagerungsrollen und Lagerungshalbrollen. Die genaueren rechtlichen Bedingungen werden an späterer Stelle vorgestellt.

Um die Pflegebedürftigkeit im Sinne der Pflegeversicherung richtig beurteilen zu können, gibt es mittlerweile ein spezielles Pflegetagebuch. In diesem Buch werden genaue Tips und Hinweise zum Umgang mit der Pflegeversicherung gegeben (siehe Anhang).

In der Schweiz und in Österreich gibt es (noch) keine Pflegeversicherung, doch ist es in der Schweiz möglich, sich auf privater Basis zu versichern.

Zusammenfassung der Hinweise:

- Rhythmus finden für Familie und Eltern
- Elternbesuche aufteilen
- Sich ein freies Wochenende erlauben
- Sich nicht unter Druck setzen
- Regelmäßige Gespräche führen:
  - Pin-Wand-Notizen
  - Gesprächsstunde
  - Raum wechseln bei Streit
- Paartherapie
- Alten (und neuen) gemeinsamen Interessen nachgehen
- Hilfe von außen akzeptieren
- Vorüberlegungen zur Pflege:
  - Welche Handgriffe bereiten Schwierigkeiten?
  - Was kann man durch eigene Kreativität lösen?
- Technische Hilfsmittel:
  - Welche Hilfsmittel sind im Handel erhältlich?
  - Haben diese Hilfen das Gütesiegel »GGT geprüft«?
  - Entsprechen sie den Sicherheitsstandards der Stiftung Warentest?

- Fachmessen
- Pflegekurse bei der Pflegekasse
- Hilfe von außen:
  - Einrichtungen der Wohlfahrtspflege
  - Private Anbieter
  - Nachbarschaftshilfe
  - Krankenpflegevereine
  - spezielle Pflegekräfte
  - Zivildienstleistende
- Überprüfen der durch die Pflegeversicherung festgelegten Voraussetzungen für eine Unterstützung mit Hilfe des Pflegetagebuchs
- Antrag bei der Pflegekasse
  - auf Gewährung folgender Leistungen:
- Sachleistungen
- Geldleistungen
- Kombinationsleistungen (d.h. Sach- und Geldleistungen)
  - auf teilstationäre Pflege
  - auf Kurzzeitpflege
- Bei Ablehnung
  - Widerspruch einlegen
  - Antrag beim Sozialamt

4.

Die Pflegeversicherung

Während es in früheren Zeiten selbstverständlich war, daß die Pflege der Angehörigen von der Familie übernommen wurde, gab es während der letzten Jahrzehnte einen Trend zum »Abschieben ins Altersheim«. In den letzten Jahren hat sich das Blatt erneut gewendet, und es findet wieder eine allmähliche Rückkehr zum alten »Ideal« statt. Doch diese neue alte Verantwortungsübernahme führt oft an die Grenzen des noch Machbaren. Eine staatlich geregelte Hilfe wurde dringend notwendig.

Trotz oder gerade wegen der Verstaatlichung der Pflege wurden neue Möglichkeiten geschaffen, der bisherigen Lebensweise nachzukommen und die häusliche Pflege aufrechtzuerhalten. Durch das neue Pflegegesetz wird nun das Verbleiben in den eigenen vier Wänden oder auch in der Wohnung der Kinder erleichtert. Die Organisation des Tages kann dadurch vereinfacht werden. Spezielle Dienste sind eingerichtet und finanzielle Mittel stehen zur Verfügung.

Ansprüche geltend machen: Wie funktioniert das?

Begutachtung

Das Gesetz hat jedoch ganz deutliche Grenzen, die im Sozialgesetzbuch XI genau festgelegt sind. Erst wenn viele Voraussetzungen genau erfüllt werden, kann eine Leistung der Pflegeversicherung in Anspruch genommen werden. Die Pflegebedürftigkeit wird exakt definiert; demnach muß die Hilfe täglich benötig werden und zwar in den Bereichen Körperpflege, Ernährung, Mobilität und in der hauswirtschaftlichen Versorgung.

Über diesen Bedarf entscheiden Gutachter des Medizinischen Dienstes der Krankenkassen (MDK) nach einem Besuch bei den Eltern. Diese Beurteilung ist jedoch manchmal mit Schwierigkeiten verbunden. Da die Gutachter des Medizinischen Dienstes selbst für gewöhnlich unter einem hohen Zeitdruck stehen, wird sich ihr Besuch selten über einen längeren Zeitraum erstrecken. So können die Gutachten natürlich immer nur Momentaufnahmen sein.

Außerdem versuchen viele alte Menschen, sich bei dieser Begutachtung so günstig wie möglich darzustellen. Sie wollen den Eindruck erwecken, noch relativ fit zu sein und versuchen, ihre Schwächen zu verbergen. Diese Verhaltensweise ist sicherlich verständlich, aber in dieser Situation von Nachteil.

»Anfangs wurde mein Vater in Pflegestufe I eingestuft, weil er nachts keine Pflege braucht. Er kann selbst essen, aber er kann nichts schneiden, kann sich nicht waschen, kann aber versuchen, beim Aufstehen zu kooperieren. Immer wenn jemand vom Medizinischen Dienst kommt, sitzt er in seinem Rollstuhl und kuckt ganz freundlich. Er hat zwar jetzt Pflegestufe II, aber die Leute vom Altersheim sagen, daß er eigentlich Stufe III kriegen müßte.«

Die Darstellung der realen Situation der Eltern ist jedoch ausschlaggebend für die Entscheidung darüber, wie sie von der Pflegekasse eingestuft werden. Als Basis dient die Einschätzung des Medizinischen Dienstes über die Bedürftigkeit der Eltern. Wenn die Eltern sich als sehr selbständig darstellen, oder aber vielleicht auch die Angehörigen aus Scham über den Zustand der Eltern versuchen, die reale Situation zu vertuschen, kann dies weitreichende Folgen haben.

Einstufung

Das Ausmaß der Pflegebedürftigkeit der Eltern ist entscheidend für die Einstufung der Leistungen der Pflegekasse, d.h. dafür, ob überhaupt ein Anspruch besteht, und wenn ja, in welcher Höhe. Die Voraussetzungen dafür sind nicht leicht nachweisbar. Deshalb ist es wichtig, den genauen zeitlichen Aufwand für die tägliche pflegerische wie auch hauswirtschaftliche Versorgung zu ermitteln. Das Pflegetagebuch (siehe Anhang) kann dazu einen wichtigen Beitrag leisten. Es bietet durch seine Tabellen die Möglichkeit, genaue Angaben über den Umfang des Pflegeaufwands zu machen.

Für Pflegestufe I muß im pflegerischen Bereich ein Bedarf von mindestens einmal täglich bestehen, im hauswirtschaftlichen Bereich außerdem mehrmals in der Woche. Die tägliche Pflegezeit sollte durchschnittlich mindestens 90 Minuten pro Tag oder mehr als 10,5 Stunden in der Woche betragen. Dabei muß der Anteil der pflegerischen Tätigkeit höher sein als der der hauswirtschaftlichen, d.h. mehr als 45 Minuten täglich.

Für Pflegestufe II ist ein Pflegeaufwand von mindestens dreimal täglich Voraussetzung. Im Alltag wird sich dies vor allem auf die Morgen-, Mittags- und Abendzeiten beschränken. Zusätzlich muß – wie bei Stufe I – mehrmals pro Woche eine Hilfe zur hauswirtschaftlichen Versorgung notwendig sein. Der zeitliche Hilfsbedarf muß täglich bei mindestens drei Stunden liegen oder 21 Stunden pro Woche umfassen. Bei diesem Zeitkontingent überwiegt wieder der pflegerische Bedarf der Eltern mit mehr als zwei Stunden pro Tag.

Für Pflegestufe III ist Pflege rund um die Uhr erforderlich. Auch während der Nacht muß ständig Hilfe zur Verfügung stehen. Dabei kann es sich um eine Art Bereitschaftsdienst handeln, der aber nur berücksichtigt wird, wenn er tatsächlich zwei- bis dreimal pro Woche zu unvorhersehbaren Zeiten zwischen 22 und 6 Uhr in Anspruch genommen wird oder regelmäßige Pflegetätigkeiten umfaßt, z.B. umlagern oder Windeln wechseln. Zusätzlich muß mehrfach pro Woche hauswirtschaftliche Versorgung wie bei den anderen Pflegestufen erforderlich sein. Hier wird eine durchschnittliche Pflegezeit von mindestens fünf Stunden pro Tag bzw. 35 Stunden pro Woche vorausgesetzt. Der größte Teil, nämlich mehr als vier Stunden, muß wieder für die Pflege zur Verfügung stehen.

Die Berechnung des wöchentlichen Aufwands kann nur durch eine genaue Buchführung über die tägliche Arbeitszeit und die jeweilige Tätigkeit erfolgen, denn die subjektive Wahrnehmung kann oft täuschen. Um wirklich einen Überblick zu haben, empfiehlt es sich, täglich Aufzeichnungen über den Aufwand zu machen. Nur so kann man sich vorab ein Bild von der zu erwartenden Pflegestufe machen. Die Notizen können dann eine wichtige Basis für die Fragen des Medizinischen Dienstes sein. Medizinische Unterlagen, d.h. Krankenberichte, Atteste usw., sind darüber hinaus hilfreich.

Widerspruch

Trotz aller Vorbereitung kann die Einstufung niedriger ausfallen als erwartet, denn die Pflegekasse richtet sich nach dem Gutachten des Medizinischen Dienstes. Dieser kann aus unterschiedlichen Gründen zu einem Ergebnis kommen, das mit der Einschätzung der pflegenden Angehörigen nicht übereinstimmt.

Allerdings gibt es die Möglichkeit, Widerspruch gegen die Entscheidung der Pflegekasse einzulegen. Wenn man davon überzeugt ist, daß den Eltern eine höhere Pflegestufe zusteht, dann ist es sinnvoll, bei der Pflegekasse eine Durchschrift des Gutachtens anzufordern und genaue Vergleiche anzustellen zwischen der Ablehnungsbegründung des Medizinischen Dienstes und der eigenen Einschätzung aufgrund der persönlichen Aufzeichnungen der letzten Wochen. Wenn man nach dieser Überprüfung sicher ist, daß der Pflegebedarf der Eltern zu niedrig eingestuft worden ist, lohnt es sich, Widerspruch einzulegen.

Wird im Bescheid der Pflegekasse eine Widerspruchsfrist angegeben, so sollte man sofort Widerspruch einlegen und die Begründung nachreichen. Falls keine Angaben gemacht werden, hat man dafür ein Jahr lang Zeit, wobei zu überlegen ist, ob nicht ein umgehender Widerspruch sinnvoller ist.

Die detaillierten Aufzeichnungen der letzten Wochen sind nun sehr wichtig. Sie bilden die Grundlage für eine ausführliche Begründung, wieso man der Einstufung des Gutachtens widerspricht. Die genaue Angabe der eigenen Beurteilung der aktuellen Situation ist entscheidend.

Um die eigene Einschätzung weiter zu untermauern, kann ein Gutachten des Hausarztes bzw. der Hausärztin oder anderer Ärzte hilfreich sein. Auf Wunsch können diese die medizinischen Unterlagen zur Verfügung stellen, um den Krankheitsverlauf genauer darzustellen und dadurch die Pflegebedürftigkeit der Eltern auch auf diese Weise zu dokumentieren. Wie die Realität oft zeigt, sind auch in der Zusammenarbeit mit den Hausärzten klare Absprachen notwendig.

»Die Zusammenarbeit mit dem Hausarzt war ein wenig schwierig, da er sich mit mir nie abgesprochen hat. Ich habe dann nur immer die fertigen Formulare gesehen. Ich bin dann auf seinen Vorschlag eingegangen, obwohl ich selbst auch einiges an Betreuungsmöglichkeiten gefunden habe.«

In Widerspruchsfällen kündigt der Medizinische Dienst einen erneuten Besuch an, der den vorherigen Kreislauf wieder in Gang setzt. Das bedeutet, daß erneut die täglichen Pflegeleistungen genau aufgezeichnet werden müssen. Es lohnt sich darüber hinaus, besondere Ereignisse des Tages zu notieren.

Was kann die Pflegeversicherung bieten?

Leistungen

Bereits bei der Antragstellung kann gewählt werden, ob man Geldleistungen, Sachleistungen oder eine Kombination davon in Anspruch nehmen möchte. Durch die Wahl der Geldleistungen ergeben sich manchmal Probleme mit den Eltern, denn der Betrag wird an diese direkt überwiesen. Das Geld ist damit der Verwaltung durch die Kinder entzogen, was unter Umständen zu größeren Konflikten führen kann.

»Meine Mutter hat keinen Überblick mehr über ihr Geld. Ich rede ihr immer wieder gut zu, aber sie will es nicht an mich abgeben. Innerhalb kürzester Zeit ist alles weg, und ich darf dann wieder zubuttern.«

Allerdings werden beim Bezug von Geldleistungen regelmäßige Besuche durch einen professionellen Pflegedienst veranlaßt, bei den Stufen I und II alle sechs Wochen, bei Stufe III alle drei Monate. Diese Besuche sollen der Beratung und Hilfestellung dienen. Indem unter anderem auch über aktuelle Entlastungsangebote informiert wird, können auch die Angehörigen dadurch Unterstützung erhalten.

Für diese Beratung kann man sich eine Person auswählen, zu der man Vertrauen hat. Diese Person muß entweder bei einem zugelassenen ambulanten Dienst oder bei der Sozialstation beschäftigt sein. Durch diese Wahlmöglichkeit haben die Eltern zumindest ein kleines Mitspracherecht, während der emotionale Aspekt sonst bei allen Regelungen des Pflegegesetzes vernachlässigt wird.

Wenn reine Sachleistungen beantragt werden, übernimmt ein professioneller Pflegedienst die Pflege. Die erbrachte Leistung bestimmt sich durch die offizielle Einstufung der Pflegebedürftigkeit. Der Pflegedienst rechnet seine Leistungen direkt mit der Kasse ab, so daß für die Angehörigen kein weiterer Aufwand entsteht.

Neben den Sachleistungen können die Eltern auch Pflegegeld beantragen. Dieses Geld steht der pflegebedürftigen Person zur Verfügung, um damit die Angehörigen, Freunde, Nachbarn oder andere Helfer zu bezahlen. Mit der Entscheidung für diese Form der Leistungserbringung tragen die Eltern selbst die Verantwortung, wer sie pflegt und in welchem Umfang. Auch die Höhe des Pflegegeldes richtet sich nach der Einstufung des Medizinischen Dienstes.

Als dritte Antragsform steht auch eine Kombination aus den bisher genannten Möglichkeiten zur Verfügung. Die Eltern können beantragen, sowohl von einem offiziellen Pflegedienst wie auch von Angehörigen betreut zu werden. Sach- und Geldleistungen werden dann miteinander kombiniert. Die Antragsteller erhalten 75 Prozent der Sachleistungen von einem Pflegedienst; die restlichen 25 Prozent werden durch ein Viertel der Geldleistungen der Pflegestufe ausgeglichen. Falls die Pflegesituation sich in unvorhergesehenem Maße bessert oder verschlechtert, kann diese Leistungswahl vorzeitig umgestellt werden. Anderenfalls ist eine Änderung der Kombinationswahl nur alle sechs Monate möglich.

Trotz all dieser Möglichkeiten sind viele Erwartungen an das Pflegegesetz nicht erfüllt worden. Es ist keine Vollversicherung, wie es von vielen erhofft wurde. Vor allem in den Pflegestufen II und III werden Mängel sichtbar, denn in diesen Stufen wird nur ein Teil des tatsächlichen Bedarfs abgedeckt. Die Angehörigen müssen somit nach wie vor einen großen Beitrag leisten.

Teilstationäre Tages- und Nachtpflege

Die Möglichkeit einer Kombinationsleistung gibt es auch bei der teilstationären Tages- und Nachtpflege. Hier werden die Eltern zeitweise in geeigneten Einrichtungen betreut, d.h. entweder nur während der Nacht oder nur während des Tages. Sie haben Anspruch auf Kostenübernahme für diese Betreuungsform, wenn sie zu Hause nicht aureichend gepflegt werden können. Die Beförderung zwischen Wohnung und Einrichtung wird ebenfalls mitübernommen. Auch hier wird die Kostenübernahme wieder entsprechend der festgelegten Pflegestufe bemessen. Falls der Höchstbetrag nicht voll ausgeschöpft wird, können die Eltern den verbleibenden Anteil als Pflegegeld oder als Sachleistung beanspruchen. Die Geldleistung kann wieder für Personen der eigenen Wahl verwendet werden.

Urlaub für Pflegende

Pflegende Angehörige brauchen immer wieder Urlaub von der Pflege. Dabei werden sie durch die Pflegeversicherung unterstützt. Allerdings besteht für die pflegende Person erst nach 12 Monaten Pflege ein Anspruch auf einen Erholungsurlaub.

Wenn ein Grund vorliegt, der eine Versorgung der Eltern kurzfristig unmöglich macht, wie zum Beispiel ein Krankheitsfall, kann bei der Pflegekasse ein Antrag auf Kostenübernahme gestellt werden. Der Antrag lautet auf »Urlaubsvertretung« bzw. »Ersatzpflege«. Die Kosten werden allerdings nur für maximal 28 Tage übernommen oder bis höchstens 2800 DM pro Jahr gewährt. Die Pflegestufe der Eltern ist in diesem Fall unerheblich, d.h. die Anzahl der Tage und die Höhe der Unterstützung bleiben in allen drei Pflegestufen gleich. Diese Regelung bezieht sich ausschließlich auf den Einsatz erwerbsmäßiger Pflegepersonen.

Wenn jedoch Familienangehörige, Bekannte oder Nachbarn die Pflege übernehmen, werden sie als ehrenamtliche Ersatzpflegepersonen eingestuft. In diesem Fall spielt die Pflegestufe wiederum eine Rolle. Denn während der Ersatzpflegezeit besteht der Anspruch auf Kostenübernahme nur bis zur Höhe des Pflegegeldes der jeweiligen Einstufung. Nachweisbare Unkosten wie Verdienstausfall oder Fahrtkosten werden zusätzlich erstattet. Der Gesamtumfang, d.h. Pflegegeld plus Unkosten, darf aber 2800 DM nicht übersteigen und ist nur für eine Maximaldauer von 28 Tagen pro Jahr gültig.

Diese seit Juli 1996 geltende Gesetzesregelung deckt leider in den meisten Fällen die Kosten nicht ab. Das finanzielle Limit von 2 800 DM ist bei professionellen Pflegern schnell erreicht, wenn eine Betreuung rund um die Uhr notwendig ist. Erschwerend kommt noch hinzu, daß kaum ein erwerbsmäßiger Anbieter bereit ist, eine 24stündige Pflege zu übernehmen. Selbst wenn die wegen des hohen Zeitaufwands entstehenden Kosten nicht so schnell aufgebraucht wären, hieße das, daß während der Urlaubszeit verschiedene fremde Personen die Pflege der Eltern übernehmen müßten. Dieser Zustand ist zwar kaum zumutbar, beschreibt aber die gängige Praxis.

In der Konsequenz bedeutet dies, daß ein längerer Urlaub für die pflegende Person nur möglich ist, wenn andere Familienangehörige ganz oder zumindest teilweise dazu bereit sind, in dieser Zeit die Pflege zu übernehmen.

Kurzzeitpflege

Es gibt jedoch noch die Möglichkeit, Kurzzeitpflege zu beantragen. Darunter versteht das Gesetz eine stationäre Unterbringung in einer zugelassenen Einrichtung, d.h. in einem Altenpflegeheim oder einem speziellen Kurzzeitpflegeheim. Der Anspruch darauf gilt nur für einen begrenzten Zeitraum in jenen Fällen, in denen die häusliche Pflege nicht abgedeckt werden kann. Dies kann für eine Übergangszeit eintreten, wenn die pflegebedürftigen Eltern im Krankenhaus waren und nun für kurze Zeit Betreuung brauchen. Der Urlaub einer Pflegeperson oder Krisensituationen, in denen die häusliche Pflege nicht möglich ist, gelten ebenfalls als Gründe.

Aber auch hier spielt der moralische Aspekt eine große Rolle. Viele Angehörige bringen es nicht übers Herz, ihre Eltern für einen kurzen Zeitraum in eine fremde Umgebung zu verweisen, so daß auf diese Form der Unterbringung meist nur in äußerster Not zurückgegriffen wird. Viele Angehörige ziehen dies erst dann in Erwägung, wenn es wirklich keine andere Möglichkeit gibt, die Eltern zu betreuen.

Trotzdem ist dieses Angebot sinnvoll, denn Krisensituationen sind nie vorhersehbar. Jeder Mensch kann beispielsweise ernsthaft krank werden, und das Wissen, daß die Eltern trotzdem versorgt sind, kann sehr beruhigend sein.

Auch hier gilt wieder dieselbe zeitliche wie finanzielle Regelung, d.h. die Unterstützung wird pro Jahr für maximal 28 Tage bis zur Höhe von 2 800 DM gewährt.

Pflegehilfsmittel

Die Pflegekasse bietet – vorrangig leihweise – auch Pflegehilfsmittel und technische Hilfen an. Ein Anspruch darauf besteht, wenn dadurch die häusliche Pflege überhaupt erst ermöglicht bzw. erheblich erleichtert wird. Durch diese Hilfsmittel sollen Eltern und Angehörige entlastet bzw. den Eltern eine möglichst selbständige Lebensführung ermöglicht werden.

Inwieweit diese Voraussetzungen erfüllt sind, wird von der jeweiligen Kasse unter Beteiligung des Medizinischen Dienstes im einzelnen überprüft. Die bereits oben beschriebenen Hilfsmittel können direkt bei der Pflegekasse beantragt werden. Im Rahmen der Hausbesuche bzw. der Begutachtung durch den Medizinischen Dienst machen aber auch die Mitarbeiter entsprechende Vorschläge, welche Hilfsmittel sinnvoll und unterstützend sein können.

In manchen Fällen stellt die Pflegekasse spezielle Bedingungen. Ob Hilfsmittel zur Verfügung gestellt werden, kann davon abhängig gemacht werden, ob die Eltern oder die pflegenden Angehörigen dazu bereit sind, sich im Gebrauch der Hilfsmittel ausbilden zu lassen. Wenn die Hilfsmittel keine Leihgaben sind, müssen die Pflegebedürftigen pro Hilfsmittel 10 Prozent Eigenleistung zuzahlen. Der Höchstbetrag liegt bei 50 DM.

Es gibt auch Hilfsmittel, die zum Verbrauch bestimmt sind. Dazu gehören alle Hilfsmittel, die nur zum Einmalgebrauch gedacht sind wie Bettschutzeinlagen oder spezielle Schutzbekleidung (Einmalhandschuhe, Mundschutz, Fingerlinge und Schutzschürzen), sowie Hilfsmittel zur Desinfektion.

Die wenigsten Wohnungen sind auf die Bedürfnisse pflegebedürftiger Menschen eingerichtet. Falls Veränderungen notwendig sind, z.B. Türen verbreitert, Rampen angebracht, Badewannen umgebaut oder geeignete Duschen eingebaut werden müssen, kann ein Zuschuß bis zur Höhe von 5 000 DM je Maßnahme beantragt werden. Ein Eigenanteil wird hier jedoch mit veranschlagt.

Leistungen der Pflegeversicherung im Überblick

Bereiche	Stufe I	Stufe II	Stufe III
Pflegesachleistung/ Kostenerstattung pro Monat	750 DM	1800 DM	2800 DM
Pflegegeld für selbstorg. Pflegehilfen pro Monat	400 DM	800 DM	1300 DM
Häusliche Pflege bei Verhinderung d. Pflegeperson	bis 2800 DM pro Jahr		
Pflegehilfsmittel und technische Hilfen			
– Verbrauchsmittel und technische Hilfsmittel	bis 60 DM pro Monat		
– Zuschüsse zu Umbauten	bis 5000 DM		
Tages- und Nachtpflege	bis 2100 DM pro Monat		
Kurzzeitpflege	bis 2800 DM pro Jahr		
Vollstationäre Pflege	bis 2800 DM pro Monat		
Leistung zur Sicherung der Pflegeperson	bis 600 DM pro Monat		
Pflegekurse	kostenlos		

Die professionellen Pflegedienste

Die emotionale Komponente, zum Beispiel die Scham auf seiten der Eltern wie der Kinder, wurde bisher von der Gesetzgebung zu wenig berücksichtigt. Es gibt allerdings noch weitere Tücken, denn der Erfolg der Pflege ist auch abhängig vom persönlichen Einsatz der Pflegekräfte. Voraussetzung dafür, einen Menschen pflegen zu können, ist, den medizinischen Hintergrund und spezielle Techniken zu erlernen. Der persönliche Anteil darf jedoch nicht unterschätzt werden. Dazu gehört die prinzipielle Einstellung zum Beruf, die aktuelle Tagesverfassung und die Sympathie bzw. Antipathie gegenüber dem zu Pflegenden.

Durch die unterschiedlichen Anforderungen gehört der Pflegeberuf zu den anstrengendsten Tätigkeiten, die es gibt. Belastungen entstehen auch häufig durch die Dreiecksbeziehung Eltern, Kinder und Pflegekräfte. Denn nicht nur die Eltern und Kinder haben oft Probleme miteinander, Schwierigkeiten gibt es auch mit den Pflegekräften. Und diese haben auch manchmal Probleme mit ihren Auftraggebern.

»Es gibt da einen Zivildienstleistenden, den mein Vater einfach nicht mag. Dann sperrt er sich und macht es ihm besonders schwer. Mir tut der junge Mann richtig leid. Er hat sich wirklich Mühe gegeben, aber jetzt verliert er auch allmählich die Lust.«

Natürlich kann man mit dem jeweiligen Pflegedienst auch Pech haben. Deshalb ist es sinnvoll, sich vorab genau zu erkundigen und klare Abmachungen zu treffen.

»Wir hatten dann einen privaten Pflegedienst. Und das Problem ist, daß die nie mit mir gesprochen haben, sondern nur mit dem Arzt, und der hat die Situation mit meiner Mutter falsch eingeschätzt. Er hat gemeint, meine Mutter tickt noch vollkommen richtig. Das sieht jetzt so aus, daß bei meiner Mutter nur ganz wenig gemacht wird, aber voll abgerechnet wird. Es sieht so aus, daß für 200 DM geputzt wird, während eigentlich ich putze. Ich habe mit denen am Telefon gesprochen, und sie sagen, daß sie für 750 DM in der Woche nicht auch noch einkaufen können. Ich hatte sie außerdem gebeten, alle vierzehn Tage mal zu saugen, aber auch das wird nicht getan.«

In manchen Fällen wird dem Pflegedienst aber auch der Zugang zu den zu Pflegenden enorm erschwert. Vor allem wenn die Eltern mit der Pflege nicht einverstanden sind, kann es zu Komplikationen kommen.

»Ich versuche meiner Mutter immer wieder klar zu machen, daß der Pflegedienst in erster Linie für mich eine große Entlastung ist. Sie meint, daß sie alles alleine machen könne, aber sie

*kann es eben nicht. Und dann ruft mich der Pflegedienst immer
wieder an und sagt mir, meine Mutter mache nicht auf.*«

Probleme mit professionellen Helfern

Es kommt noch erschwerend hinzu, daß die professionellen
Pfleger sich laufend abwechseln. Die Eltern müssen sich somit
ständig auf andere Menschen einstellen. Vor allem die Zivildienstleistenden müssen viele verschiedene Personen am gleichen Tag versorgen. Sie arbeiten in einem rotierenden System,
damit ihre Aufgabenbereiche untereinander gerecht verteilt
werden. Aus deren Blickwinkel ist diese Vorgehensweise sicherlich verständlich, aber für die Eltern zum Teil unzumut-
bar.

Auch wenn die Bezugspersonen häufig wechseln, entsteht
doch im Laufe der Pflegephase unweigerlich eine Beziehung
zwischen den Pflegern und den zu Pflegenden. In keiner anderen »Fremd«-Beziehung kommt es zu einer derartigen Intimität. Dieser Aspekt darf bei der Wahl des Pflegedienstes bzw.
der pflegenden Personen nicht außer acht gelassen werden. Die
Fähigkeit und Bereitschaft, sich aufeinander einzulassen, ist ein
zentraler Punkt.

Idealerweise sollte die Möglichkeit gegeben sein, sich vorab
kennenzulernen, um so gut wie möglich abzuklären, wieweit
man sich ein so intimes Verhältnis vorstellen kann. Dies ist
natürlich mit vielen Hindernissen verbunden. Zum einen leh-
nen viele Eltern eine fremde Person in ihrem häuslichen Terrain
kategorisch ab, so daß eine offene Aussprache von vorn herein
unmöglich ist. Auch der häufig vorkommende Altersstarrsinn
trägt seinen Teil dazu bei, daß manchmal niemand den Ansprüchen genügen kann. Aber auch von pflegerischer Seite ist es
nicht immer möglich, wählerisch zu sein. Gewisse emotionale
Hürden bleiben bestehen und müssen überwunden werden, um
dennoch Pflege zu ermöglichen.

Aber auch erwerbsmäßig Pflegende müssen sich mit vielen
Fragen auseinandersetzen: Was will ich durch mein Engage-

ment erreichen? Mit welchen ethischen Werten beginne ich die Pflege? Was kann ich leisten und wo kann ich mir Hilfe holen?

Denn nicht nur die pflegenden Angehörigen müssen lernen loszulassen, auch die Fachleute müssen akzeptieren, daß es sicherlich Punkte gibt, an denen die Angehörigen ein größeres Wissen bzw. ein besseres Gefühl für die Bedürfnisse der zu pflegenden Person haben. Die Entscheidung, eine Pflegestelle zu übernehmen, sollte die Bereitschaft zu einem wechselseitigen Austausch beinhalten, bei dem beide Seiten – Professionelle wie Angehörige – voneinander lernen. Dazu ist als wichtige Basis für ein gut entwickeltes Pflegekonzept gegenseitige Akzeptanz und Respekt notwendig.

Es reicht nicht aus, wenn nur Fachleute sich dieses Problems annehmen. Es muß ein Problem aller werden, denn letzten Endes sind alle davon betroffen. Deshalb müssen Orte geschaffen werden, an denen sich pflegende Angehörige untereinander austauschen und wo sie wieder Vertrauen aufbauen können.

Versicherungsleistungen für Pflegende

Neben den direkten Leistungen für die pflegebedürftigen Eltern werden mittlerweile auch die pflegenden Angehörigen finanziell besser abgesichert. Wer nicht mehr als 30 Stunden wöchentlich erwerbstätig ist und mindestens 14 Stunden pro Woche Angehörige, Bekannte oder Nachbarn pflegt, bekommt von der Pflegekasse Beiträge zur gesetzlichen Rentenversicherung bezahlt. Diese Beiträge müssen jedoch speziell beantragt werden und sind abhängig von der jeweiligen Pflegestufe und dem wöchentlichen Pflegeaufwand.

Während der pflegerischen Tätigkeit sind die Angehörigen außerdem bei der gesetzlichen Unfallversicherung versichert. Der Schutz gilt im Rahmen des häuslichen Umfeldes, aber auch bei allen Wegeunfällen, die im Zusammenhang mit einer Tätigkeit für die Pflegebedürftigen stehen. Beispielsweise sind auch Unfälle beim Einkaufen mit einbezogen.

Insoweit bringt das Pflegegesetz viele Verbesserungen mit sich. Wenn jedoch keine Pflegestufe erreicht wird, werden die Angehörigen auf das Sozialamt verwiesen. Viele empfinden dies als Schande und übernehmen lieber die Doppelbelastung von Pflege und Berufstätigkeit, als diesen Schritt zu tun.

Tücken der Pflegeversicherung

Das Pflegegesetz hat neben der mangelnden Abdeckung bei der Pflegestufe II und III vor allem auf der emotionalen Ebene noch weitere Tücken. Die grundsätzliche Einstellung zu alten Menschen hat sich zwar geändert. Einerseits ist diese Veränderung als positiv und human zu bewerten, aber es gibt auch andere Seiten. Denn die Pflegeversicherung setzt erst ein, wenn der alte Mensch sich selbst schädigt. Nur in diesem Fall tritt eine Pflegschaft ein.

Manche Angehörige beklagen, daß sich die Eltern durchaus unvernünftig verhalten und bestimmte Defizite haben dürfen, aber (noch) keine Unterstützung bekommen.

»Meine Mutter verhält sich in vielen Dingen völlig unvernünftig. Sie wäscht sich nicht ausreichend, hat schon mehrfach die Wohnungstür offen stehen lassen oder verliert den Haustürschlüssel. Aber das sind alles keine Gründe für eine Betreuung. Die Betreuung setzt oft sehr spät ein.«

Die Einwilligung der Eltern ist eine wichtige Voraussetzung für die Übernahme der Pflege. Doch in manchen Situationen gibt es Grenzfälle, die den Angehörigen das Leben sehr erschweren.

»Jetzt habe ich endlich einen neuen Pflegedienst an Land gezogen, jetzt verweigert meine Mutter die Unterschrift. Die einzige Möglichkeit, die ich hätte, ist sie entmündigen zu lassen. Aber das will ich ihr und mir nicht antun. Aber manchmal ist es wirklich zum Verzweifeln.«

Emotionale Probleme können durch die Gesetzgebung natürlich nicht gelöst werden. Die beste Möglichkeit ist, offen damit umzugehen. Solange es möglich ist, die Eltern miteinzubeziehen, ist dies die beste Voraussetzung, daß auch sie die Bereitschaft zur Mitarbeit zeigen.

»Ich war sehr unzufrieden mit den Leistungen, und es war irgendwie nicht machbar, sich sinnvoll abzusprechen. Wir mußten den Pflegedienst wechseln. Aber meine Mutter hat sofort gesagt, daß sie das nicht will, schon wieder fremde Leute in ihrer Wohnung.«

5.

Die Erwartungen des gesellschaftlichen Umfeldes

Mit der zunehmend höheren Lebenserwartung ist die Zahl der Senioren und Seniorinnen ständig gewachsen. Dadurch steigt trotz der Verbesserungen im Gesundheitssystem auch die Zahl der pflegebedürftigen Menschen. Diese neue Altersstruktur einerseits und die sich generell verändernden Lebensbedingungen unserer Gesellschaft andererseits machten eine neue Versorgungsstruktur dringend notwendig.

Die Ehe- bzw. Lebenspartner decken – so lange wie möglich – den größten Teil der Versorgung ab, in Zahlen ausgedrückt bedeutet dies, daß ca. 60 Prozent der Pflegebedürftigen in der Altersgruppe zwischen 65 und 78 Jahren von ihren Partnern versorgt werden. Doch mit zunehmendem Alter und der damit verbundenen zunehmenden Gebrechlichkeit wird Hilfe von außen nötig. Je älter die Angehörigen werden, desto häufiger sind es in erster Linie Frauen, d.h. die Töchter und Schwiegertöchter, die die Pflegebedürftigen versorgen.

Eine Untersuchung, die das Forschungsinstitut Infratest 1993 durchführte, ergab, daß fast 70 Prozent der Hauptpflegepersonen ihre pflegebedürftigen Angehörigen rund um die Uhr versorgen. Doch die Entwicklung zeigt, daß diese Vollpflege immer weniger leistbar sein wird. Durch die neue Pflegeversicherung können sich Betroffene wie Angehörige, sofern die Bedürftigkeit von den Gutachtern bestätigt wird, Entlastung verschaffen.

Viele Familien scheuen sich jedoch, diese Unterstützung anzunehmen, da dies eine Form von Offenlegung der familiären

Situation bedeutet, vor der sie sich scheuen. Denn trotz aller vielfältigen gesellschaftlichen Veränderungen stehen die Familien auch heute noch unter der Kontrolle der Umwelt. Nachbarn, Freunde und Bekannte registrieren unvermindert das Verhalten der pflegenden Angehörigen, und die Erwartungen an sie sind in den meisten Fällen sehr hoch.

Die Last auf den Schultern der Frauen

Noch bis vor 30 Jahren entsprach es der gesellschaftlichen Erwartung an Frauen, daß sie zu Hause blieben, sich um die Kinder kümmerten und widerspruchslos die Pflege der Eltern übernahmen. Von diesem moralischen Anspruch ausgehend nimmt die Generation der heute 60- bis 70jährigen Frauen die Pflege ihrer Eltern als eine selbstverständliche Verpflichtung hin.

»Meine Nachbarin hat nur noch ihre alte Mutter, und sie hat ihr Leben der Verantwortlichkeit für ihre Mutter gewidmet. Es zeigt eine Art ›Lebensvergeblichkeit‹, eine Art auferlegte Pflicht, die man tun muß.«

Die meisten Frauen der älteren Generation wollen beim Pflegen keine Hilfe von außen annehmen. Sie haben Kriegszeiten miterlebt, haben große Entbehrungen hinnehmen müssen und zum Teil als alleinstehende Mütter ohne Unterstützung ihre Kinder großgezogen. Alleine zurechtzukommen ist eine wichtige Maxime, nach der sie erzogen worden sind, und sie entspricht ihrer Lebenserfahrung. Sie wollen auch heute mit allem alleine fertig werden und machen sich dabei selbst oft fertig. Denn für diese Generation bedeutet die Übernahme der Pflege deshalb nicht weniger Streß als für die jüngere Generation. Auch sie kommen immer wieder an ihre Belastungsgrenze, aber sie bewerten diese Anstrengung für sich in einem anderen Maße. Durch ihre klare Rollendefinition aus früheren Zeiten bleibt für sie die Übernahme der Pflege unhinterfragt.

Wandel in der Frauengeneration

Laut Angaben des Kuratoriums Deutsche Altershilfe nimmt das »Töchter-Pflegepotential« seit den 70er Jahren jedoch ständig ab. Denn mit zunehmender Berufstätigkeit der Frauen ändert sich auch diese lange tradierte Selbstverständlichkeit. Die Frauen übernehmen mehr Rollen als bisher. Neben Mutter und Hausfrau werden sie auch außer Haus berufstätig, und ihre Mobilität im beruflichen wie im privaten Sektor nimmt zu.

Diese Entwicklung führt dazu, daß die heutige mittlere Frauengeneration im Alter von 40 bis 60 Jahren immer weniger der Rolle der pflegenden Tochter entsprechen kann. Vielleicht konnten sie noch miterleben, daß die eigene Mutter die Großmutter pflegte, aber mit den vielfältigen neuen Lebensschwerpunkten läßt sich eine Vollzeit-Pflege nicht mehr verbinden.

»Ich habe zu meiner Mutter ein sehr gutes Verhältnis, aber sie auf Dauer zu pflegen, käme für mich nicht in Frage. Für mich ist mein Beruf wichtig, da bekomme ich meine Anerkennung, eine andere Art von Anerkennung, auf die ich nicht mehr verzichten möchte.«

Durch diese veränderte Einstellung der mittleren Generation wird die Rolle der pflegenden Tochter immer weniger gelernt. So können auch die heutigen Kinder durch die mangelnde Begegnung damit kaum mehr die entsprechenden Erfahrungen machen. Damit sollen jedoch frühere Lebensbedingungen nicht verherrlicht werden, denn mit großer Selbstverständlichkeit wurde bereits von Kindern, d.h. den Mädchen erwartet, daß sie die Pflege ihrer Eltern übernehmen.

»Als ich vierzehn war, hat es bei meiner Mutter angefangen mit ihrem Herz. Damals habe ich schon begonnen, alles im Haushalt zu übernehmen. Meine Brüder waren zwar älter, aber es war klar, daß ich alles mache. Mein Vater hatte einen Schlaganfall und konnte deshalb nicht helfen. Als meine Mutter dann

später starb, war es wieder klar, daß ich die Pflege für meinen Vater übernehme. Als ich dann meine Stelle reduzieren mußte, habe ich schon mit meinen Brüdern darüber geredet, aber es war finanziell bei mir günstiger. Vielleicht ist es für Frauen leichter zu pflegen!«

Gemäß der klassischen Rollenverteilung übernehmen trotz aller beruflichen und gesellschaftlichen Veränderungen nach wie vor in erster Linie die Frauen die Rolle der Pflegenden, auch wenn sich nach neuesten Statistiken auch bei den älteren Pflegebedürftigen ein Trend bemerkbar macht, daß zunehmend mehr Männer, nämlich derzeit 18 Prozent, die Pflege übernehmen. In den meisten Fällen handelt es sich dabei zwar – wie oben beschrieben – um die alten Ehepartner, manchmal aber auch um die Söhne.

Aber die Statistik zeigt, daß nach wie vor der weitaus größte Prozentsatz, nämlich 82 Prozent der pflegenden Angehörigen Frauen sind. Sie übernehmen nicht nur anstandslos die Pflege der eigenen Eltern, auch die Pflege der Eltern des Partners steht für viele außer Zweifel. Die Zahlen legen also den Schluß nahe, daß sich doch fast nichts verändert hat. Aber der derzeit hohe Prozentsatz läßt sich vor allem durch die ältere Frauengeneration erklären, die bisher meist unhinterfragt die Pflege übernommen hat bzw. nach wie vor übernimmt.

Dieser Anteil wird vermutlich in den nächsten Jahren allmählich sinken, denn zunehmend mehr kommt die »neue« Frauengeneration in das Alter, in dem die Pflege der Eltern akut wird. Neben Haushalt, Kinder und Beruf wird der bisherige Umfang der Pflege von dieser Frauengeneration vermutlich nicht aufrechterhalten werden können.

Lebens-Aufgabe

Man muß sich durchaus fragen: Hat sich letzten Endes für die Frauen sehr viel verändert? Die Lebensinhalte haben sich sicherlich verschoben, aber in der Summe bleibt für viele Frauen nach wie vor eine übermäßige Belastung.

Die Lebensaufgabe »Pflege« führt manchmal zur »Lebens-Aufgabe«. Viele Frauen, die vollkommen in ihrer tagtäglichen Tretmühle stecken, nehmen sich selbst kaum mehr wahr. Von früh bis spät arbeiten sie in ihrem Haushalt, versorgen eventuell zur selben Zeit ihre Kinder und kümmern sich um den pflegebedürftigen Elternteil. Sie sind Ehefrau, Mutter, Hausfrau, Pflegerin, Organisatorin, Krankenschwester, Psychologin und ganz nebenbei auch noch berufstätig. Sie vergessen geradezu ihr Recht, auch einmal auszuspannen und Abstand zu gewinnen. Sie geben sich als eine Person mit vielen Facetten auf und leben nur noch in der Rolle, für alle und alles die Verantwortung zu übernehmen.

»Natürlich könnte ich mal meine Brüder fragen, ob sie mal für ein paar Stunden kämen, aber da käme ich mir komisch vor. Von sich aus kommen die nie auf den Gedanken.«

In großer Selbstverständlichkeit stecken sie innerhalb ihrer vier Wände fest und nehmen das Leben ringsum kaum mehr wahr. Vor allem die Sozialkontakte bleiben auf der Strecke.

Während die meisten Männer durch ihren Beruf auch weiterhin nach außen orientiert sind, sehen viele Hausfrauen keine Chance, sich anderweitige Anregungen zu holen. Meist spüren sie mehr oder weniger bewußt ihre Einsamkeit, stellen dies aber kaum in Frage. Sie haben keine Zeit dazu, sich Alternativen zu überlegen. Der Tagesablauf ist oft so streng organisiert und mit so vielen Aufgaben überfrachtet, daß es keinen Spielraum dafür gibt, mit Freundinnen Kontakt zu halten oder mit der Nachbarin zu reden. In vielen Fällen klagen sie darüber erst, wenn die Pflegezeit vorüber ist. Wenn Zeit zum Luftholen ist, spüren sie ihre Einsamkeit.

Tradition

Traditionell gelten Frauen als zuständig für Kranken- und Altenpflege, dabei haben sich die sozialen und gesellschaftlichen

Voraussetzungen dafür längst verändert. Obwohl allen bewußt ist, daß sich die Rolle der Frau gewandelt hat, mangelt es immer noch an gesellschaftlicher Unterstützung bei dieser Aufgabe. Wie im folgenden noch zu zeigen sein wird, gibt es zwar einige Möglichkeiten der praktischen Unterstützung; der psychischen Seite der Pflege und der Doppel- bis Dreifachbelastung wird jedoch kaum Rechnung getragen. Die meisten Frauen bleiben mit ihrer Belastung allein, die Last auf ihren Schultern bleibt ihnen erhalten.

Außerdem besteht im Augenblick die Gefahr, daß mit zunehmender Arbeitslosigkeit die Forderung lauter wird, die Frauen sollen endlich die Arbeitsplätze wieder räumen und zurück an den Herd gehen. Dieses alte Thema wird schon seit einiger Zeit wieder aufgewärmt, zumal die Frauen ja nun auch noch durch die Pflegeversicherung unterstützt werden und damit die Belastung angeblich lange nicht mehr so hoch ist wie in früheren Zeiten. Je größer die Not, desto häufiger werden solche reaktionären Rufe.

Natürlich stellen sich die Fragen: Pflegen Frauen tatsächlich leichter? Brauchen Frauen das Gefühl, gebraucht zu werden?

Trotz der sich verändernden Lebensbedingungen der erwachsenen Frauen darf nicht übersehen werden, daß Mädchen meist immer noch nach dem traditionellen Schema sozialisiert werden. Nicht nur im kindlichen Puppenspiel werden sie darauf trainiert, auch ihre berufstätigen Mütter leben ihnen zwar die Möglichkeit einer Arbeitswelt außer Haus vor, aber zusätzlich auch die Rolle der Versorgungsinstanz für alle. Denn nach der Arbeit sind es in erster Linie die Frauen, die einkaufen, kochen und putzen. Die Lebensveränderung durch den stärkeren Einstieg in die Berufswelt bedeutet unter anderem, daß die Frauen nun alles übernehmen: Haushalt, Kindererziehung und Berufstätigkeit. Zeit für sich selbst bleibt meistens keine.

Diese Frage nach der Selbstaufgabe beinhaltet auch die Frage nach der eigenen Wertigkeit. Was bin ich (mir selbst) wert? Was ist mir in meinem Leben wichtig und was gönne ich mir davon?

Gemäß der alten Tradition sind Frauen nach wie vor in einem hohen Zwiespalt: Von klein auf darauf getrimmt, für andere zu sorgen, fällt es den meisten nach wie vor schwer, diese Denkweise abzustellen. Obwohl die Frauen mittlerweile ihre Frau in der Berufswelt stehen, ordnen sich die meisten von ihnen immer noch dem alten Leitbild unter und übernehmen automatisch die Verantwortung für die Eltern. Aber dann wird der Zwiespalt spürbar: Frauen wollen sicherlich nach wie vor auch für andere da sein, aber ebenfalls für sich selbst. Manchmal erscheint dies unvereinbar, und die Last auf den Schultern der Frauen bleibt weiter bestehen. Die Rollen haben sich verändert, und die Frauen haben sich verändert, aber häufig führt dies zu einer die Leistungsgrenzen überschreitenden Anforderung.

Die weitere gesellschaftliche Entwicklung wird spannend. Mit uns wächst einerseits eine Frauengeneration mit einer neuen Einstellung zum Leben und zur Pflege heran. Andererseits verändern sich die Lebensbedingungen für alte Menschen drastisch:

- Die Großfamilienstrukturen lösen sich immer mehr auf und die Zahl der Single-Haushalte wächst ständig. Derzeit lebt ein Sechstel der Bevölkerung allein.
- Durch die verbesserte medizinische Versorgung wird im Jahr 2030 voraussichtlich jeder Dritte in der BRD über 65 Jahre alt sein.

Die Individualisierung und die zunehmende Vergreisung führen zu völlig neuen gesellschaftlichen Bedingungen, die sicherlich nicht mehr allein auf den Schultern der Frauen ausgetragen werden können.

Familie und Nachbarn als kontrollierende Instanzen

Die Pflege von Angehörigen geschieht auch heute noch bei den meisten Menschen im Verborgenen. Der zwischenmenschliche Kontakt mit der Nachbarschaft ist vor allem in städtischen Regionen häufig nur oberflächlich. Man weiß zwar, wer nebenan wohnt, doch das Wissen über die Nachbarn geht darüber meist nicht hinaus. In Dörfern ist eine derartige Anonymität selten. Die Pflege von Angehörigen wird dort wesentlich stärker wahrgenommen; man ist über die Aktivitäten der Nachbarn informiert.

Die Wahrnehmung allein sagt aber über die Qualität des Umgangs miteinander nichts aus. Denn die Gebrechlichkeit im Alter ist zunehmend mehr ein Tabu-Thema in unserer gesamten Gesellschaft geworden, und viele Außenstehende wollen mit diesem Problem nicht konfrontiert werden. Einer der Hauptgründe liegt sicherlich darin, daß jeder Mensch pflegebedürftig werden kann. Eine Beschäftigung mit diesem Thema rührt damit an die eigenen Ängste, die die meisten Menschen lieber verdrängen.

Weit verbreitet ist aber auch die Unsicherheit: Wie soll ich mit jemandem umgehen, die oder der die Eltern pflegt? Was kann ich zu diesem Menschen sagen?

Unsicherheit

Dieses Dilemma führt viele Pflegende in völlige Isolation. Denn obwohl die meisten vermutlich eine klare Meinung zum Thema »Pflege der Angehörigen« haben, wird dies lieber nicht angesprochen.

»Ich habe es jetzt schon mehrfach erlebt, daß ein paar Frauen, die hier in derselben Straße wohnen, einfach die Straßenseite wechseln, wenn sie mich sehen. Nur um mich nicht grüßen zu müssen. Manchmal komme ich mir vor, als hätte ich eine schreckliche Krankheit, an der sie sich anstecken könnten.«

Aus Unsicherheit scheuen sich viele, mit Pflegenden Kontakt aufzunehmen und nachzufragen, wie es ihnen geht. Offen Interesse zu zeigen (was die meisten Menschen ja haben, auch wenn es manchmal mehr Neugier ist), scheint für die Umwelt sehr schwierig zu sein. Häufig werden »Informationen« hinter dem Rücken der Betroffenen eingeholt und ausgetauscht. Doch wenn es zu einem direktem Gespräch zwischen Nachbarn und pflegenden Angehörigen kommt, zeigt die Erfahrung, daß der Auslöser für die Kontaktaufnahme häufig kritische Bemerkungen sind. Denn nur selten kommen Nachbarn oder Freunde und zeigen offen ihre Bewunderung. Aber sobald es darum geht, andere für ihr Verhalten zu tadeln, wird die Sprache leicht wiedergefunden.

Kontrolle

Manche Angehörige machen extrem negative Erfahrungen mit ihrer Umwelt. Auf Nichtbeachtung oder auf klare Kritik kann man entsprechend reagieren. Selbst wenn man sich über dieses Verhalten ärgert, so besteht doch die Möglichkeit, das Gegenüber entweder ebenfalls zu ignorieren oder seinen Ärger zum Ausdruck zu bringen. Schwieriger wird die Angelegenheit bei scheinheiligen Äußerungen, die formal als freundliche Nachfrage erscheinen, in denen aber Mißbilligung deutlich anklingt.

»Neulich traf ich meine Nachbarin. Gleich als sie mich sah, blieb sie stehen und fragte mich mit süßlichem Lächeln: ›Habt ihr sie jetzt doch ins Altersheim geben müssen?‹ Sie tat so, als würde sie mich bedauern. Dabei weiß ich seit langem, daß sie jeden Handgriff von mir verfolgt. Sie lehnt immer am Fenster und beobachtet, wann ich komme. Von einer anderen Frau aus dem Haus weiß ich, daß sie das absolut unmöglich findet und sich furchtbar darüber aufregt, daß ich meine Mutter ins Altersheim getan habe.«

Vor allem in dörflichen Regionen ist der Druck auf die Angehörigen sehr groß. Jeder kennt jeden und meint, über alles Bescheid zu wissen. Die Angehörigen zu pflegen, wird meist als Selbstverständlichkeit angesehen. Selbst Entlastungsversuche durch Pflegedienste werden oft argwöhnisch betrachtet.

»Meine Nachbarin sagte zu mir: ›Das ist ungeheuerlich, daß sie da jemanden Fremden holen wollen, daß sie das nicht selber machen wollen. Eine gute Tochter macht so was nicht. Daß es ihnen da nicht das Herz zerreißt?‹ Ich kam in einen totalen Rechtfertigungszwang.«

Aber selbst die eigene Familie reagiert manchmal auf diese Weise. Auch wenn die anderen Angehörigen die belastende Situation genau kennen, kann es doch zu innerfamiliären Vorwürfen kommen. Manchmal dienen diese Beschuldigungen der Abwehr eigener Schuldgefühle. Das schlechte Gewissen, daß man selbst nichts zur Pflege beiträgt, wird durch die Ermahnung anderer beruhigt. Dies kann einem das Gefühl vermitteln, daß man sich selbst schließlich viele Gedanken macht und auf diese Weise bei der Pflege auch mitwirkt.

»Mein Onkel sagte beim Verabschieden noch zu mir, daß ich mich doch etwas mehr um meinen Vater kümmern solle. Schließlich würde er nicht mehr lange leben. Ich dachte, ich trau meinen Ohren nicht. Das sagte gerade mein Onkel, der sich selbst seit Monaten nicht mehr bei ihm hat sehen lassen.«

Viele Angehörige werden mit derartigen Ermahnungen ihrer Umwelt konfrontiert. Die meisten reagieren dann mit einer Mischung aus Wut, Trotz und Verunsicherung. Verhalte ich mich vielleicht doch falsch? Müßte ich doch noch mehr tun? Diese Zweifel verstärken häufig das Gefühl eines Rechtfertigungsdrucks, und ein Zwiespalt zwischen »Das geht Sie gar nichts an!« und »Ich muß Ihnen das jetzt einmal genau erklären!« entsteht.

Aber die Kontrolle durch die Umwelt hat nicht nur negative Aspekte. Für einige Menschen war die Aufmerksamkeit der Nachbarn die Rettung in letzter Sekunde.

»Als mein Vater einen Schlaganfall hatte, haben das seine Nachbarn mitbekommen. Sie haben ihn den ganzen Tag nicht gesehen und haben uns dann am Abend etwas beunruhigt ange-

rufen. Wenn sie nicht gewesen wären, hätten wir ihn nicht mehr rechtzeitig gefunden. Jetzt schauen sie regelmäßig nach ihm und rufen mich oder meine Brüder immer wieder an und sagen uns, wenn irgendwas los ist.«

Unwissenheit

Die wenigsten Außenstehenden können sich von anderen vorstellen, daß es manchmal schwierige Situationen in deren Familiengeschichte gibt, die man niemandem erklären kann bzw. vor deren Erklärung man sich aus Scham und Angst vor abfälligen Reaktionen scheut.

Der mentale Abbau der Eltern ist beispielsweise von Außenstehenden häufig zunächst nicht in vollem Umfang zu erkennen. Vor allem wenn die alten Menschen anfangen, ihre geistige Verwirrtheit oder ihre paranoiden Ideen nach außen zu tragen, kann es zu großen Mißverständnissen bei der Umwelt kommen. Einerseits scheinen sie manchmal noch vollkommen klar denken zu können, andererseits versteigen sie sich in verworrene Gedankengänge, die nur von allerengsten Vertrauten als solche zu erkennen sind.

»Der Hausarzt meiner Mutter wohnt im selben Haus, und er hat sich die Ansichten meiner Mutter zu eigen gemacht, d.h. er hat nicht unterschieden zwischen dem, was meine Mutter sagt, und dem, was meine Mutter tut. Es gab schlimme Gespräche zwischen uns, in denen er mir vorwarf, daß ich mich nicht um meine Mutter kümmere. Ich bin von ihm darauf hingewiesen worden, daß es schließlich meine Kindespflicht sei, mich um sie zu kümmern, ich sei schließlich blutsverwandt. Und da ging mir plötzlich ein Licht auf, daß meine Mutter sich offensichtlich über mich beschwert, ich würde mich nicht um sie kümmern. Dabei kommt sie unter anderem dreimal in der Woche zu mir zum Essen, ich gehe für sie einkaufen usw. Ich bin täglich für sie unterwegs.«

Viele Angehörige kommen durch den Druck solcher Mißverständnisse in einen Rechtfertigungszwang. Je mehr Menschen sich einschalten, desto größer der Streß.

»Plötzlich rief eine Nachbarin an und sagte: ›Ich habe eine unheimliche Wut auf Sie. Warum kümmern Sie sich nicht um Ihre Mutter?‹ Meine Mutter hatte auch ihr erzählt, daß sie nie etwas zu essen hätte.«

Häufig bedarf es ausführlicher Gespräche, um die Mißverständnisse aufzuklären. Genau dies ist eine weitere Belastung für pflegende Angehörige, denn es ist für die meisten Menschen äußerst unangenehm, Außenstehenden erklären zu müssen, daß die eigene Mutter oder der Vater mental abbaut. Damit gehen sie nämlich wieder einen Schritt weiter in die Öffentlichkeit und fühlen sich damit wiederum angreifbarer durch die nun noch stärkere Beobachtung.

Zu überlegen ist aber auch, ob eine Rechtfertigung gegenüber Außenstehenden überhaupt notwendig ist. Viele können sich jedoch von den Gedanken an die Meinung anderer nicht freimachen.

Bewußtseinswandel

Andererseits ist es dringend nötig, die Probleme der Pflege alter Menschen über das rein formale Thema der Pflegeversicherung hinaus in der Gesellschaft zu diskutieren. Es ist ein Thema, das jeden betrifft und über das sich jeder rechtzeitig Gedanken machen sollte – sowohl auf sich selbst bezogen, wie auch auf die eigenen Angehörigen.

Es gibt bereits erste Ansätze einer Bewußtseinsänderung in der Bevölkerung. Obwohl sich sicherlich nach wie vor die meisten Menschen mit diesem Thema nicht konfrontieren möchten, gibt es doch in manchen Regionen Initiativen aus der Bevölkerung.

In Baden-Württemberg gibt es beispielsweise ein Projekt namens KLIMA, bei dem engagierte Menschen auf ehrenamtlicher Basis tagsüber pflegebedürftige alte Leute betreuen. Aufgrund der Ehrenamtlichkeit handelt es sich in erster Linie um Laien. Statt einer Bezahlung bekommen sie Punkte auf ein sogenanntes Zeitkonto gutgeschrieben. Vorausgesetzt, diese Initiative besteht weiterhin, können die jetzigen ehrenamtlichen Helfer selbst einmal entsprechend ihrem Punktekonto Hilfe für sich in Anspruch nehmen. Dieses Konto ist auch auf andere Familienmitglieder übertragbar. So arbeiten einige Menschen schlichtweg aus Interesse bzw. aus dem Wunsch heraus, eine sinnvolle Aufgabe zu haben, andere wollen sich bereits jetzt Punkte für ihre eigene Pflege oder die ihrer Angehörigen erarbeiten.

Durch Projekte wie dieses rückt das Thema Pflege mehr ins gesellschaftliche Bewußtsein und kann von vielen in der Vielschichtigkeit der Problematik wahrgenommen werden. Diese bilden einen wichtigen Baustein, um die Verantwortung für andere wie für sich selbst zu übernehmen.

6.

Die Gefühle der Eltern

Nicht nur wir haben manchmal Probleme mit unserem Rollenwechsel, auch für die Eltern selbst sind die vielen Veränderungen durch das Älterwerden immer wieder schmerzhaft. Genau
wie ihre Kinder müssen sie sich von ihrer bisher gelebten Rolle
verabschieden, sich aber zudem mit dem Älterwerden und dem
damit verbundenen Abbau beschäftigen.

Plötzlich geht es nicht mehr so wie früher

Alt werden

In dem Alter, in dem die Eltern anfangen, unsere Hilfe zu
benötigen, hat sich in den meisten Fällen bereits vieles in ihrem
Leben geändert. Die meisten sind nicht mehr berufstätig, und
sie müssen sich eine neue Lebensaufgabe suchen, ein Problem,
das in sehr unterschiedlicher Weise gemeistert wird. Viele haben im fortgeschrittenen Alter bereits einige Freunde verloren.
Nicht nur dadurch nimmt die Einsamkeit und die Angst vor eigenen Gebrechen und dem eigenen Tod allmählich zu. Auch der
Verlust der Beziehungen des Berufslebens führt zur Vereinsamung.

Unsere Elterngeneration ist es nicht gewöhnt, so offensiv Beziehungen aufzunehmen, wie wir Jüngeren es zum Teil bereits
gelernt haben. Zum einen haben sie durch die mangelnde Er-

fahrung wesentlich weniger Chancen, neue Freundschaften zu schließen, zum anderen fällt es dieser Generation, die noch Krieg und viel Elend miterlebt hat, oft schwer, sich Hilfe von außen zu holen.

Die ersten Anzeichen des Alterungsprozesses werden manchmal mit großer Mühe vertuscht und ignoriert. Viele versuchen zunächst, in der Illusion »Es wird sich wieder ändern. Ich schaffe das schon!« weiterzuleben und die Realität so gut wie möglich auszublenden. Wenn Außenstehende – und seien es auch die eigenen Kinder – ihre Lage wahrnehmen und auch kommentieren, läßt sich das Kartenhaus der Illusion nicht mehr länger aufrechterhalten.

»Ich hatte gemerkt, daß meine Mutter gar nicht wollte, daß ich in die Wohnung komme. Sie hat mich immer gefragt: ›Warum mußt du mich besuchen, warum? Ich kann doch auch zu dir kommen.‹ Irgendwann wurde mir dann bewußt, sie wollte nicht, daß ich den Zustand ihrer Wohnung sehe.«

Während einerseits in manchen Fällen die Probleme nach außen hin vertuscht werden, benutzen andere wiederum ihre Krankheit oder ihr Gebrechen als ein Instrument, um den Kontakt zu ihren Kindern zu bewahren, vielleicht auch, um diese nach wie vor im Griff zu haben.

»Manchmal habe ich das Gefühl, ich halte meine Mutter bald nicht mehr aus. Sie ruft täglich mehrfach an. Ich kann ja verstehen, daß sie allein ist und sich langweilt, aber sie fragt mich aus wie früher. Erst klagt sie mir ausführlich ihr Leid und wie schlecht es ihr heute geht. Dann will sie fast täglich wissen, ob's mit meiner Ehe klappt, ob wir bald in Urlaub fahren und wohin, und welche Noten meine Tochter jetzt in Englisch hat. Ich komme mir vor wie ein kleines Kind.«

Sozialer Druck

Neben dem Wunsch nach Kontakt gibt es noch weitere Gründe für tägliche Anrufe. Die Eltern haben zum Teil noch Bekannte und Freunde, mit denen sie sich messen und von denen sie beurteilt werden. Bei manchen Treffen wird bis ins Detail ausgetauscht, wo die Kinder sind, was sie gerade arbeiten und vor allem wie sehr sie sich um das Wohlbefinden der Eltern sorgen und kümmern. Manche erleben bei dem Thema, wer die besten Kinder hat, eine starke Konkurrenz.

Eltern, deren Kinder weiter entfernt wohnen, haben schlechtere Karten. Sie können logischerweise nicht mit häufigen Besuchen aufwarten. Trotzdem wird die Zahl der Kontakte bisweilen zum Gradmesser der Liebe, manchmal auch die Höhe der für die Unterstützung ausgegebenen Summe.

Dieser soziale Druck ist für einige Eltern ein bedeutender Teil ihrer Lebenswelt. Nachdem viele wichtige Lebensbereiche weggefallen sind, müssen sie diese durch neue Inhalte ergänzen. Da sie selbst mit zunehmendem Alter viele Aufgaben nicht mehr erfüllen können, werden die Kinder wieder zu einem wichtigen Identifikationsobjekt. Durch die Leistungen ihrer Kinder können sie sich einen Teil ihres eigenen Selbstwertes erhalten.

Schleichende Einsamkeit

Verlust des Partners

Solange beide Partner noch leben, können diese sich gegenseitig Anerkennung geben und sich in ihren Tätigkeiten ergänzen. Wenn jedoch einer der beiden stirbt, werden die rollenspezifischen Lücken sichtbar. Während Männer dann klassischerweise Schwierigkeiten mit dem Haushalt haben, kämpfen Frauen in erster Linie mit bürokratischen und handwerklichen Problemen. Viele Frauen dieser älteren Generation leben noch in einer starken Abhängigkeit von ihren Männern, haben zum Teil noch nie einen Scheck ausgefüllt, und viele besitzen keinen Führerschein. Die meisten Männer dieser Generation haben noch nie etwas gekocht, und auch der Umgang mit Nadel und Faden ist ihnen fremd. Nach Verlust der Partnerin bzw. des Partners verlagert sich nun diese Abhängigkeit auf die Kinder. Die Bitte um diverse Dienstleistungen, die sie nun ohne Hilfe nicht mehr erledigen können, empfinden viele auch als Erniedrigung.

»Heute sind für meinen Vater praktische Dinge wichtig. Er war vorher ein total umtriebiger Mann, und heute lebt er in seiner kleinen Welt. Am Anfang achtete er penibel auf Ordnung, hat versucht, alles zu strukturieren, aber es ging oft nicht, und ich mußte ihm helfen. Erst hat er versucht, dies alles mit Humor zu nehmen, aber jetzt wird er zunehmend unwirscher und wütender. Er ist in sich gefangen ohne Möglichkeit, noch mehr zu tun. Man spürt seine Einsamkeit.«

Wenn ein Partner stirbt, gehen viele Bereiche und Inhalte des bisherigen Lebens verloren. Viele sinnvolle Aufgaben und Alltäglichkeiten des Lebens wie Gespräche, gemeinsame Unternehmungen, Lachen, aber auch Ärger sind abhanden gekommen. Die zurückbleibenden Partner erhalten nach dem Tod des Partners keinerlei Zärtlichkeiten mehr, und Sexualität verschwindet ganz aus ihrem Leben. Der Besuch beim Arzt bleibt häufig als einzige Chance, auf nackter Haut berührt zu werden. Auch in diesem Sinn bekommen die vielen Krankheiten eine wichtige Funktion.

So entstehen neben der Trauer und manchmal gerade durch sie viele weitere Probleme. Denn durch den Schmerz des Abschiednehmens erkranken viele Menschen an psychosomatischen Störungen, vor allem an Herz-Kreislauf-Erkrankungen. Zu einem Zeitpunkt, an dem viele Alterskrankheiten zunehmen, können sich diese Beschwerden durch die Verlusterfahrung also noch einmal verstärken.

Angst vor der Zukunft

Viele Eltern scheuen sich davor, sich Gedanken über die Zukunft zu machen. Solange es noch irgendwie geht, wollen sie so weiterleben wie bisher. Dies hat sicherlich in vielen Fällen seine Berechtigung, denn ein großer Teil der alten Menschen kann sich bis ins hohe Alter relativ problemlos zu Hause versorgen.

Das Thema Altersheim bleibt deshalb häufig tabuisiert, solange es irgendwie möglich ist. Die meisten haben Angst davor, dadurch »zum alten Eisen« zu gehören und ihre Selbständigkeit völlig zu verlieren. Der Umzug ins Altersheim käme für viele dem Eingeständnis gleich, daß es Bereiche gibt, in denen sie Unterstützung brauchen.

Auch alte Ehepaare haben manchmal Kommunikationsprobleme und scheuen sich davor, über unangenehme Fragen ihrer Zukunft offen miteinander zu sprechen.

»Meine Mutter hat heimlich beide angemeldet. Als er davon erfahren hat, hat er so Rabatz gemacht, daß sie sie schnell wieder abgemeldet hat. Er stellt sich das so vor, daß er schnell stirbt und deshalb ein Altersheim nicht nötig ist.«

Dies ist ein typisches Beispiel für einen völlig konträren Umgang mit dem Altern. Die Mutter beschäftigte sich intensiv mit den Schwierigkeiten, die auf sie zukommen könnten, ihr Mann wollte davon nichts wissen. Gerade weil sie ihre alten Empfindlichkeiten bereits über lange Zeit aufs Beste kennen oder zu kennen glauben, haben viele irgendwann damit begonnen, bestimmte Themen mit dem Partner nicht mehr zu besprechen. Sie hat Angst vor ihrer Zukunft und möchte rechtzeitig Vorsorge treffen, er hat Angst davor, sich mit dem Thema zu befassen und verleugnet es, indem er »beschließt«, schnell und zu Hause zu sterben.

Das Ausmaß der Angst vor dem allmählichen Abbau und schließlich dem eigenen Tod hängt neben der allgemeinen Lebenseinstellung auch von den bisherigen Erfahrungen mit diesem Thema ab. Bedeutsam ist in diesem Zusammenhang, wie die eigenen Eltern ihren Abbau erlebt haben, wie sie damit umgegangen und wie sie gestorben sind. Diese Erfahrungen sind sehr prägend, denn Eltern haben eine Vorbildfunktion, und wir vergleichen uns mit ihnen, gleichgültig in welchem Alter sie sind. Je entspannter sie mit dem Thema Tod umgehen können, desto besser kann die nächste Generation mit ihrem langsamen Abbau leben und desto geringer wird die Angst vor dem eigenen Sterben.

Körperlicher Abbau

Ältere Menschen leiden häufig unter vielerlei Ängsten um ihre Zukunft. Die meisten Senioren bewegt vor allem die durchaus realistische Angst vor Krankheiten. Krankheiten, Schmerzen und der nahende Tod werden zu einem wichtigen Thema.

»Meine Mutter sagt immer wieder, daß sie nicht glaubt, daß es soweit kommt, daß sie in ein Pflegeheim gehen muß. Sie ist sich sicher, daß sie vorher stirbt, nicht im Sinne eines Selbstmordes, sondern eines Sich-Aufgebens, nach dem Motto: ›Wenn ich merke, ich kann mich nicht mehr selbst versorgen, dann will ich nicht mehr leben und dann werde ich auch sterben.‹«

Der allmähliche körperliche Abbau und die Zunahme physischer Gebrechen sind vor allem für die älteren Menschen schwer zu ertragen, die sich noch geistig fit und jung fühlen. Ihre Veränderung und die zunehmende Abhängigkeit von den Kindern stimmt nicht mit ihrem Selbstbild überein. Zu Zeiten, in denen es so wichtig geworden ist, fit zu sein, wächst die Scham über die eigenen Unzulänglichkeiten immer mehr. Beschwerden zu haben, gehört weniger zur Natürlichkeit des Alterns, sondern wird als eine persönliche Kränkung und Niederlage erfahren.

»Ich kann es kaum ertragen, wenn meine Mutter immer noch so tut, als wäre sie vierzig. Sie verbringt Stunden damit, alles so

herzurichten, daß es so aussieht, als wäre alles in Ordnung, wenn ich komme. Dabei sehe ich doch genau, wie sehr sie abbaut oder daß sie tausend Dinge vergißt.«

Manche versuchen, die eigene Gebrechlichkeit vor sich und anderen so lange wie möglich zu vertuschen. Vor allem bei einem langsamen Hineinwachsen in die allmähliche Veränderung entwickeln viele Menschen derart ausgefeilte Techniken, daß ihr körperlicher Abbau zunächst kaum wahrgenommen wird. Immer mehr ältere Menschen lassen sich liften. Wieder andere Eltern haben keinerlei Probleme damit, ihren Wandel zu sehen, und stellen sich offen der neuen Situation.

»Meine Mutter konnte gut alt werden. Sie ist nicht verbittert wie andere, sondern auch jetzt noch tolerant. Sie sagt, sie hat ihr Leben gelebt, und nun ist es auch gut. Sie versteht, in Würde zu altern.«

Ein Altern in Würde wird vermutlich in der Gesellschaft immer schwerer werden. Viele Ältere leiden unter dem Mangel an Bestätigung und Zuwendung. Eine Möglichkeit, Kontakt und Anerkennung zu bekommen, liegt in der Äußerung von Beschwerden, unter denen sie auch tatsächlich leiden. Auch wenn diese von der Umwelt oft als »Problemchen« abgetan werden, so hat das Klagen doch eine wichtige Funktion. Viele alte Menschen fühlen sich wie auf dem Abstellgleis, auf dem sie kaum mehr wahrgenommen werden. Durch ihr Leiden können sie etwas Besonderes sein und kurzfristig in den Mittelpunkt rücken. Die negative Seite des Abbaus bzw. der Beschwerden spielt nur sekundär eine Rolle, der primäre Erfolg liegt in der Zuwendung, die die Eltern damit erhalten können.

Probleme können manchmal auch als eine Art Hilferuf gewertet werden, als ein Versuch zu sagen: »Mich gibt es noch, ich bin noch zu vielem fähig und ich habe noch viele Bedürfnisse.«

Auch wenn die Eltern pflegebedürftig sind oder im Altersheim leben, haben sie noch viele Wünsche an ihre Kinder. Zu diesen Wünschen gehört vor allem ein würdevoller Umgang mit ihnen. Die Sorge um den Verlust an Würde wird um so größer, je mehr die Pflegebedürftigkeit zunimmt, das heißt je größer die Abhängigkeit wird.

Scham und Wut

Sozialer Neid

Die Angst vor den Kindern kann manchmal durch deren Neid hervorgerufen werden. Während viele alte Menschen an der Armutsgrenze leben, genießen andere einen ruhigen und finanziell abgesicherten Lebensabend. Sie bekommen nicht nur eine ausreichende Rente, sie haben häufig auch einige Vermögenswerte, durch die sie ein finanziell sorgenfreies Leben führen können.

Es ist zu erwarten, daß die Renten in Zukunft niedriger sein werden als gegenwärtig. Den jüngeren Generationen steht damit eine wesentlich größere finanzielle Unsicherheit bevor. Die Möglichkeit, sich einen gewissen Luxus zu erarbeiten, wird immer geringer. Zur selben Zeit ist der jüngeren Generation durchaus bewußt, daß sie mit ihren Beiträgen zur Renten- und Pflegeversicherung den älteren Menschen eine relative finanzielle Sicherheit ermöglicht, die ihnen selbst nicht mehr zuteil werden wird. Der dadurch entstehende soziale Neid ist derzeit manchmal unterschwellig bereits zu spüren und wird vermutlich während der nächsten Jahre noch ansteigen.

Alte Menschen begegnen diesem Neid mit unterschiedlichen Gefühlen. Einige haben die klare Haltung, daß sie in ihrem Leben genügend durchgemacht und damit einen finanziell gesicherten Lebensabend verdient haben. Anderen ist die veränderte Situation der jüngeren Generation durchaus bewußt, und sie empfinden eine Mischung aus Mitleid und Schuldgefühlen. Wieder andere haben dagegen Angst vor allem, was noch geschehen kann, manche sogar auch vor den eigenen Kindern.

Der Neid der Kinder kann zwar bei den Eltern Angst auslösen, aber in den meisten Fällen wird dieser Neid nur dann gravierend, wenn Eltern und Kinder bereits vorab ein schlechtes Verhältnis hatten, wie es weiter oben beschrieben wurde. Allerdings werden selbst Eltern, die ihr Leben lang als unnahbar und distanziert erschienen, im Alter oft weicher, so daß ein besserer Kontakt durchaus möglich wäre. Doch häufig können die Kinder nicht verzeihen, und behandeln nun ihre Eltern in manchmal unwürdiger Weise.

Scham und Schein

Wenn Eltern in einen derart hilflosen Zustand kommen, daß sie völlig auf ihre Kinder angewiesen sind, geraten viele an den Rand der Verzweiflung. Dabei spielt es keine Rolle, ob sie wegen körperlicher Gebrechen oder wegen mentalem Abbau Hilfe brauchen, sie schämen sich. Aus Aufzeichnungen von Alzheimerkranken weiß man beispielsweise, daß sie anfangs ihre Lage durchaus erkennen. Die ersten auffallenden Krankheitszeichen sind ihnen bewußt, sie wissen um ihre Gedächtnis- und Orientierungsstörungen und die damit verbundenen Probleme und versuchen, diese über lange Zeit zu überspielen.

Vielleicht sprechen viele Eltern aus Scham nicht aus, wie es ihnen wirklich geht, und versuchen zu vertuschen, was zu vertuschen ist. Vor allem die derzeitige Generation von alten Menschen lebt immer noch in der Anspannung, nach außen den Schein wahren zu müssen. Andere Menschen sollen nicht mitbekommen, wie es tatsächlich um sie bestellt ist.

»Es war wirklich unglaublich. Meine 92jährige Mutter war bereits vier Wochen im Pflegeheim, und ihre beste Freundin wollte sie besuchen. Man muß sich vorstellen: Die beiden Frauen kannten sich seit 55 Jahren, aber meine Mutter wollte nicht, daß sie kommt, mit der Begründung, daß keine Bilder an der Wand hingen. Was sollte die Lotte von ihr denken? Zwei Wochen später starb meine Mutter, und sie hat ihre Freundin nicht

mehr gesehen, nur weil ihr das Zimmer nicht schön genug er-
schien. Es war zum Verzweifeln.«

Dieses vielleicht extreme Beispiel spiegelt den enormen Druck, unter den sich die alten Menschen setzen können. Bis zum letzten Atemzug muß der Schein gewahrt werden. So schwer verständlich dies vielleicht für unsere Generation ist, so sollten wir doch den Lebensansatz der Eltern respektieren, auch wenn er uns manchmal zur Verzweiflung treibt. Wir können sie nicht mehr ändern. Außerdem sollten sie ihre Entscheidungsfreiheit beibehalten, wo immer es möglich ist.

Deshalb ist es sinnvoll, behutsam mit ihnen zu sprechen und eine Balance zu finden zwischen einem Ansprechen der Probleme und der Rücksicht auf ihre Tabus. Da manche Schwierigkeiten thematisiert werden müssen, ist es in diesen Situationen ganz besonders wichtig, Hilfe anzubieten, ohne zu kompromittieren.

Alte Menschen spüren meist selbst sehr genau, daß sie vieles nicht mehr können und daß die Defizite allmählich zunehmen. Dennoch gibt es noch Inhalte und Bereiche, in denen sie spezielle Fähigkeiten haben. Und wenn es »nur« Geschichten sind, die sie den Enkeln erzählen können. Sie müssen spüren, wo sie nach wie vor Bedeutung und eine soziale Funktion haben. Als die »weisen« Alten werden sie meist nicht mehr geschätzt, aber vielleicht gibt es doch Aufgaben, die sie auch im hohen Alter noch erfüllen können.

7.

Zwischen Verantwortungs-übernahme und Selbstaufgabe

Die Pflegebedürftigkeit der Eltern stellt die meisten Kinder vor große Probleme. Durch den Zwiespalt bei der Entscheidungs-findung wird einiges auf den Punkt gebracht: Entscheide ich mich gegen ein Pflegeheim, begebe ich mich in die Gefahr, mich völlig für die Pflege aufzugeben bis hin zum Aufbau massiver Aggressionen. Entscheide ich mich jedoch dafür, habe ich mich vielleicht mit Schuldgefühlen zu plagen, denn schließlich sind es meine Eltern, die sich auch um mich gesorgt haben.

In diesem Dilemma ist es immer wichtig, sich klarzumachen: Ich bin auch nur ein Mensch, und nur wenn ich mich auch um mich selbst kümmere, habe ich die Kraft, mich auch in einer lie-bevollen Weise um andere zu kümmern.

Sich selbst Gutes zu tun ist schwierig, wenn dadurch anderen scheinbar etwas entzogen wird. Wenn ich die volle Aufmerk-samkeit von anderen ein wenig abziehe, wird dies manchmal von meinem Gegenüber bereits als Verlust erlebt, obwohl es mein gutes Recht ist, auch etwas für mich zu tun. Um jedoch ei-ne Balance zu finden zwischen den Bedürfnissen der anderen und den eigenen, muß man zunächst erst einmal lernen, sich selbst wahrzunehmen und zu sich selbst zu stehen.

Der nächste Schritt ist die Erkenntnis, daß Entscheidungen fehlbar sind. Denn durch neue Lebensumstände, Veränderun-gen der eigenen Befindlichkeit, sich verschärfende Bedingungen usw. kann sich eine Entscheidung nach einem gewissen Zeit-raum als falsch erweisen. Das gilt für alle Entscheidungen im Leben, so auch für den Entschluß, die Pflege zu übernehmen.

Im Auftrag der Eltern. Pflege als reine Pflicht

In den meisten Familien wird über die Themen Altwerden und Pflege nicht gesprochen. Viele Eltern erwarten stillschweigend, daß die Kinder sie später pflegen, anderen ist dieser Gedanke eher fremd. Doch wie kann man reagieren, wenn die Eltern die Pflege durch ihre Kinder verlangen bzw. erwarten und damit einen hohen moralischen Druck ausüben?

Offenheit

Die Eltern vermitteln ihre Aufträge in unterschiedlicher Art und Weise:

»Meine Eltern, die haben beide beschlossen, sie gehen mal nicht ins Altersheim. Aber was sie dann machen, haben sie nicht gesagt.«

Andere sagen klar und unumwunden, daß sie von ihren Kindern erwarten, daß diese später einmal die Pflege übernehmen. Inwieweit es den Kinder dann tatsächlich möglich ist, dem nachzukommen, scheint für sie keine Rolle zu spielen. Der Auftrag kann dominant und bestimmend vermittelt werden oder auch ein wenig verschwommen.

»Meine Mutter kann leider nie klar sagen, was sie will. Alle Aufforderungen bzw. Wünsche kommen indirekt. Genauso war es, als sie zu uns ziehen wollte. Sie erzählte mir beispielsweise zunächst, wie rührend sich doch die Tochter ihrer Nachbarin um die Pflege kümmern würde. Dann kamen Hinweise auf ihre diversen Krankheiten und schließlich bat sie mich täglich mehrfach, irgend etwas für sie zu besorgen. Ich hätte natürlich auch schon längst was sagen können, aber ich hatte keine Lust, auf ihre Spielchen einzugehen.«

Auch liebevoller Druck per Telefon ist möglich:

»Ich habe gerade Kuchen für uns gebacken. Ich bin in meinem Rollstuhl ganz gut zurechtgekommen. Macht euch keine Sorgen um mich. Aber es wäre natürlich schöner, wenn wir dann immer gleich zusammensein könnten!«

Häufig steckt hinter scheinbar anderen Themen die unausgesprochene Erwartung, von den Kindern gepflegt zu werden. Auf die nicht gesagten Dinge einzugehen, gehört mit zu unseren schwierigsten Aufgaben. In diesen Situationen hilft nur ein klares Wort, d.h. das Gespräch zu suchen und mit dem Vater oder der Mutter offen über deren Erwartungen, aber auch über die eigenen Möglichkeiten zu sprechen.

»Meine Mutter kam zunächst regelmäßig zu uns zum Essen. Aber dann war es klar, daß sie einen Mittagsschlaf braucht, und ich mußte dafür sorgen, daß die Kinder ruhig bleiben und nicht mehr ins Wohnzimmer gingen. Sie saß immer nur rum. Sie tat keinen Handschlag. Sie wollte rundum versorgt werden. Mit großer Selbstverständlichkeit hat sie einfach alles mir überlassen und hat selbst keinen Handstreich mehr getan. Ein paar Wochen habe ich das mitgemacht, aber dann haben auch mein Mann und meine Kinder rebelliert. Ich hab ihr dann gesagt, das geht so nicht. Wir haben ja auch Kinderbesuch, und das muß sie aushalten, wenn sie bei uns ist.«

Ohne klare Absprache ist es äußerst schwierig, mit den Erwartungen der Eltern umzugehen. Ihrem manchmal undeutlichen und doch spürbaren Druck standzuhalten, ist oft zermürbend. Denn auf der anderen Seite stehen die eigenen Bedürfnisse und die Bedürfnisse der Familie. Viele pflegende Angehörige fühlen sich als Prellbock zwischen den Erwartungen beider Seiten. Wie weit sie den Bedürfnissen ihrer pflegebedürftigen Eltern nachkommen können, hängt neben der eigenen Situation auch sehr von deren emotionaler Beziehung ab.

»Mir war klar, daß mein Vater wollte, daß ich die Pflege für meine Mutter übernehme, also daß ich seine Stelle einnehme, sobald er gestorben war. Sie war so hilflos, und sie hat mir so furchtbar leid getan.«

Viele ältere Menschen setzen sich mit ihrem nahenden Tod auseinander und machen sich entsprechend Sorgen um die verbleibenden Partner. Die größte Beruhigung wäre zu wissen, daß sie bei den eigenen Kindern gut untergebracht sind. Doch diesem Auftrag nachzukommen, ist nur sinnvoll, wenn die emotionale Beziehung so weit ausgeglichen ist, daß die Pflege von beiden Seiten vorstellbar ist. Denn selbst wenn der Vater sich – wie in diesem Fall – wünscht, daß die Tochter später einmal die Mutter pflegt, muß dies noch lange nicht dem Wunsch der Mutter entsprechen.

Entscheidung

Aber selbst wenn der Wille da ist und die Beziehung zu den Eltern entspannt, kann es sein, daß es nicht möglich ist, die Pflege zu übernehmen. Das kann an den äußeren Rahmenbedingungen liegen, aber auch an der Partnerschaft. In vielen Fällen weigern sich die Partner, diese Umstellung mitzumachen. Was auch immer der Grund sein mag – den Eltern ein klares »Nein« zu sagen, ist für die meisten Menschen sehr schwer.

»Als mein Schwiegervater so krank wurde, hat sich mein Mann furchtbar gequält. Ich glaube, er hätte ihn gerne bei uns gehabt. Aber – ehrlich gesagt – ich mag meinen Schwiegervater nicht besonders. Wenn wir ihn aufgenommen hätten, wäre es wie auch immer schwer für uns gewesen, denn wir hätten nicht genügend Zeit für ihn gehabt. Wahrscheinlich hätte es bald geknallt.«

Um dieses »Nein« sagen zu können, muß man selbst erst durch einen oft mühsamen Prozeß der Entscheidungsfindung hindurch. Welche Punkte sprechen dafür, die Eltern zu pflegen? Was spricht dagegen? Manchmal ist die Antwort sofort klar, aber in den meisten Fällen sind wir hin- und hergerissen. Zweifel kommen auf. Darf ich »Nein« zu meiner Mutter sagen, obwohl sie mich aus meinen Windeln geholt und aufgezogen hat? Habe ich ein Recht dazu, wo sie doch offen sagt, daß sie von mir gepflegt werden möchte? Es ist meist sehr schwierig, frei darüber zu entscheiden, da der Auftrag der Eltern einen großen moralischen Druck ausübt.

Viele haben generell Probleme, Entscheidungen zu treffen, da jede Entscheidung für etwas gleichzeitig eine Entscheidung gegen etwas ist. Und oft würden wir gerne beide Seiten miteinander vereinbaren. Wenn Entschlüsse gefällt werden müssen, neigen wir häufig dazu, den Inhalt dieser Entscheidung als einen riesengroßen Berg zu erleben, der nur genau in diesem Moment und sonst gar nie zu überwinden ist. Es scheint dann, wenn der Weg erst einmal eingeschlagen ist, keine Möglichkeit mehr zu geben, innezuhalten und zu verschnaufen, um sich einen anderen Pfad zu suchen oder vielleicht auch umzukehren.

«Darf ich sie verstoßen?« ist eine der möglichen Fragen, die uns moralisch unter Druck setzen und den Phantasieberg erhöhen können. Ist ein »Nein« wirklich einem Verstoßen gleichzusetzen? Oder ist es nur mein gutes Recht, auch auf mein Leben und meine Beziehung zu achten?

Manchmal kann es helfen, sich eine Liste anzufertigen mit all den Punkten, die für die eine Entscheidung sprechen, und denen, die dagegen sprechen. Eine Liste hat den Vorteil, daß sie einen zum Formulieren der Gedanken zwingt. Manchmal wird allein dadurch, daß die zunächst noch nebulösen Gedanken in Worte gefaßt werden müssen, manches klarer. Zudem kann ein Auflisten des Pro und Kontra bereits optisch zeigen, welche Entscheidung für alle Beteiligten sinnvoll ist.

Den Auftrag der Eltern anzunehmen, bedeutet eine radikale Umstellung des eigenen Lebens. Den Auftrag abzulehnen, bringt oft Schuldgefühle mit sich. Deshalb ist es wichtig, sich die Zeit zu gönnen, dieses »Nein« oder das »Ja« in sich wachsen zu lassen. Wenn die Liste nicht ausreicht, um zu der Entscheidung stehen zu können, ist es empfehlenswert, sich mit anderen Menschen zu beraten. Angefangen bei den nächsten Verwandten bis zu Freunden gibt es viele Gelegenheiten, dieses Thema anzusprechen. Denn wenn man erst beginnt, sich mit diesem Thema auseinanderzusetzen, wird man schnell merken, wie viele sich damit beschäftigen und davon betroffen sind. Im Notfall können auch Lebensberatungsstellen hinzugezogen werden oder Selbsthilfegruppen pflegender Angehöriger, um von anderen Betroffenen zu lernen.

Wenn die Frage nach der Pflege der Eltern langsam entsteht, kann man sich über lange Zeit mit dem Thema auseinandersetzen und schließlich leichter zu einer klaren Entscheidung finden. Bei physischen Gebrechen ist es eher möglich, sich offen mit den Eltern darüber zu beraten. Bei mentalem Abbau sind die Eltern meist nicht mehr ausreichend in der Lage mitzuwirken, und die Entscheidung muß allein getroffen werden.

Bei plötzlicher Pflegebedürftigkeit der Eltern – beispielsweise durch einen Unfall – ist der Druck auf die Angehörigen wesentlich höher, denn es ist oft notwendig, sofort zu reagieren. Man kann sich ein wenig entlasten, indem man sich klarmacht, daß Entscheidungen revidiert werden können, bildlich gesprochen, daß man bei der Bergbesteigung das Recht hat innezuhalten, um den weiteren Weg in aller Ruhe zu überlegen und notfalls wieder umzukehren.

Angst vor den Eltern

Eine Klientin litt nicht nur in ihrer Kindheit, sondern auch später als Erwachsene über Jahre hinweg unter ihrer tyrannischen Mutter. Die Mutter lebte mit ihrer Tochter alleine und kommandierte sie herum, wo es nur immer ging. Als Jugendliche durfte sie erst mit 18 Jahren abends weggehen und anschließend wurde sie ausführlich befragt, was sie denn getrieben habe. Freunde wurden ihr sofort madig gemacht. Erst im Alter von 35 Jahren schaffte sie es, sich von zu Hause abzunabeln und in eine eigene Wohnung zu ziehen. Als sie zum ersten Mal eine feste Beziehung hatte, wurde ihre Mutter prompt krank und bettlägrig.

»Meine Mutter drohte mir damals: ›Wenn du mich nicht pflegst, dann wirst du schon sehen!‹ Und ich hatte zwar Angst, bin aber dann doch nicht wieder zu ihr gezogen, wie sie es gewollt hätte.«

Zwei Jahre später wurde sie selbst krank. Sie bekam Krebs. Während der ganzen Zeit hatte sie sich standhaft geweigert, dem Auftrag der Mutter nachzukommen, und diese hatte sie ständig beschimpft. Das Spannungsverhältnis zwischen ihrer Klarheit, die Mutter nicht pflegen zu können, und den daraus resultierenden Schuldgefühlen und den Ängsten vor den Verwünschungen war für sie kaum auszuhalten. Die Drohung »... dann wirst du schon sehen!« klang ständig in ihren Ohren. Sie konnte sich nicht dagegen wehren, die Krebserkrankung als Strafe anzusehen für ihre Weigerung, die Mutter zu pflegen.

Erst durch die Therapie wurde es ihr möglich, die gedankliche Verknüpfung ihrer Krankheit mit den Verwünschungen ihrer Mutter zu lösen und ihre Schuldgefühle nach und nach zu bearbeiten.

Es ist sinnvoll, zwischen den Bedürfnissen unserer Eltern und unseren eigenen Bedürfnissen abzuwägen, um schließlich zu einer Entscheidung zu kommen, hinter der wir stehen können.

Wenn es einfach nicht mehr geht. Abbruch der Pflege

Wenn Kinder die Pflege ihrer Eltern übernehmen, tun sie dies meist in der Hoffnung, den Eltern ausreichend helfen zu können. In manchen Fällen stellt sich jedoch nach einiger Zeit heraus, daß sie überfordert sind, sei es, weil die Pflegebedürftigkeit zunimmt, sei es, daß sie ihre eigenen Kräfte überschätzt haben.

»Ich habe es einfach unterschätzt, was es wirklich bedeutet, einen Menschen von früh bis spät zu pflegen. Anfangs dachte ich, daß wir das ganz gut regeln können. Aber ich weiß, daß das noch Jahre so gehen kann, und das kann ich nicht mitmachen, da gehe ich zugrunde.«

Vor allem wenn eine Versorgung rund um die Uhr nötig ist – zum Beispiel im fortgeschrittenen Stadium von Alzheimer – ist die Geduld der Angehörigen häufig überstrapaziert. Es ist kaum mehr möglich, ohne Ängste auch nur kurz aus dem Haus zu gehen, da ungewiß ist, was zu Hause in der Zwischenzeit passiert. Durch die Desorientiertheit der Eltern können sie auch in kurzer Zeit eine kleine oder große Katastrophe auslösen.

Der tägliche Umgang mit Gedächtnisstörungen und Verkindlichung erzeugt sehr viel Traurigkeit, aber auch massive Aggressionen. Wenn der Vater zum x-ten Mal den Geschirrschrank ausgeräumt hat und wieder viele Teller zu Bruch gegangen sind, kann leicht der Geduldsfaden reißen. Wenn immer und immer wieder das gleiche passiert und es keinerlei Hoffnung auf Besserung mehr gibt, wird die Verzweiflung manchmal übermächtig, auch die Grenzen der Toleranz sind dann schnell erreicht.

Spätestens dann, wenn der Zeitaufwand für die Pflege überhand nimmt und kein bißchen Privatleben mehr möglich ist, wenn die eigenen Kinder und die Partnerin oder der Partner vernachlässigt werden und man schließlich selbst an die eigenen körperlichen oder psychischen Grenzen kommt, wenn vielleicht sogar psychosomatische Beschwerden einsetzen, ist es an der Zeit, ernsthaft über den Abbruch der Pflege nachzudenken.

Trauer und Schuldgefühle

Irgendwann wird der Gedanke, daß die Pflege abgebrochen werden muß, zum ersten Mal klar formuliert. Dies löst bei den meisten Menschen ein Gefühlschaos aus: Ängste, Schuldgefühle, Beschämung, Hilflosigkeit, Erleichterung, Trauer, Aggression und Freude auf ein neues Leben können zur selben Zeit spürbar sein. Entsprechend verwirrend wird die Situation empfunden, vor allem wenn die Gefühle wenig greifbar sind und sich teilweise widersprechen.

Eines der hervorstechendsten Gefühle ist die Trauer, die häufig sehr vielschichtig ist. Es ist zum einen die Trauer um den Verlust der Nähe zu den Eltern. Selbst wenn die Situation mit den Eltern extrem anstrengend war, so waren sie doch anwesend. Man konnte sie sehen, mit ihnen reden und sie spüren. Auch wenn das Gespräch oft erheblich reduziert war, es war auf alle Fälle – vielleicht auf einer anderen Ebene als früher – ein Austausch möglich.

» Wenn ich wieder weggehe, packt mich ein Gefühl von Trauer, und ich denke: ›Mein Gott, wenn ich ihm doch helfen könnte!‹ Und er schaut mich an und drückt mich ganz kurz, und ich habe dabei das Gefühl, daß wir trotz allem jetzt ein intensiveres Verhältnis bekommen haben.«

Neben der Trauer um die Eltern gibt es auch die Trauer um das eigene Versagen, denn die Pflege abzubrechen wird oft als persönliches Scheitern erlebt. In den meisten Fällen übernehmen die Angehörigen die Pflege mit vielen guten Vorsätzen und dem Wunsch, die Eltern bei sich behalten zu können. Je häufiger der Gedanke kommt, die Pflege nicht mehr weiter fortsetzen zu können, desto größer wird die Konfrontation mit dem Gefühl des Versagens.

»Ich habe es nicht geschafft! Ich habe alle meine Kräfte eingesetzt, aber es hat nicht genügt.«

Viele reagieren mit derartigen negativen Selbstgesprächen bzw. Gedanken. Den Selbstbeschuldigungen kann man erfahrungsgemäß am wenigsten widersprechen. Sie treffen sehr tief und sind sehr resistent gegen vernünftige Argumente. In diesen Fällen sind wir selbst unsere größten Feinde.

Wenn man schließlich an dem Punkt angekommen ist, daß die Pflege abgebrochen werden muß, kann nach einiger Zeit auch Erleichterung eintreten.

»Ich war völlig am Ende. Mein Vater war wie ein kleines Kind. Ich konnte nachts kaum mehr schlafen. Und irgendwann sagte mein Mann: ›Jetzt ist Schluß. Du machst dich doch nur noch kaputt!‹ Komischerweise konnte ich es erst zugeben oder überhaupt denken, als mein Mann mir das so klar gesagt hat, vorher ging's nicht.«

Die Erleichterung kann erst einsetzen, wenn man wirklich zu der Entscheidung stehen kann. Doch dies ist für viele ein langer, leidvoller Prozeß. Denn das Gefühl, verpflichtet zu sein und nun Schuld auf sich zu laden, steht uns immer wieder im Weg.

Viele fragen sich auch: »Und was wäre mit mir, wenn ich in diese Situation käme?« Bei dieser Frage nach uns selbst tun unsere (un-)bewußten Ängste ein weiteres, um negative Gefühle zu erzeugen. Aber genau diese Frage kann manchmal auch zur Lösung führen: »Will ich, daß meine Kinder mich pflegen? Will ich, daß sie in die gleiche Situation kommen, in der ich jetzt bin?« Es gibt auf diese Frage sicherlich keine einheitliche Antwort. Es wird Menschen geben, die bestätigen, daß sie dies auch von ihren Kindern erwarten, und andere, die daraufhin klar sagen können: »Nein, das will ich nicht.« Und vielleicht kann die eigene Einstellung einen kleinen Beitrag zur Entscheidung bzw. zum Abbau der eigenen Schuldgefühle leisten.

»Ich kann nicht mehr, und es tut mir furchtbar weh. Aber es ist auch gut abzubrechen, bevor ich anfange, um mich zu schlagen.«

Entscheidung für professionelle Hilfe

Für die Eltern ist es besser, professionelle Hilfe zu bekommen, bevor bei den pflegenden Kindern der Geduldsfaden reißt. Spätestens dann ist auch für die Eltern eine Fremdpflege entlastend, um nicht mehr den Aggressionen der eigenen Kinder ausgesetzt zu sein.

Vielleicht ist es an bestimmten Punkten sogar ein wenig vermessen zu denken, daß man selbst die bestmögliche Hilfe anbieten kann. Solange wir stabil sind, sind wir vermutlich auf der emotionalen Ebene die geeigneten Pfleger. Doch zum einen haben auch wir unsere »Schattenseiten«, unsere Aggressionen, unsere Depressionen und Verzweiflung und die unbewältigten Konflikte mit den Eltern, zum anderen kann es auf der medizinisch-pflegerischen Ebene durchaus eine bessere Betreuung geben, insbesondere für verwirrte ältere Menschen. Dieser Aspekt muß bei der Entscheidung Abbruch oder Weiterführung der Pflege durchaus auch berücksichtigt werden und kann vielleicht ein wenig Erleichterung verschaffen.

Reaktionen der Umwelt

Aber es gibt auch noch die Reaktion der Umwelt, die sicherlich eine ebenso große Rolle spielt. Ich gebe nicht nur vor mir selbst zu, daß ich an meine Grenzen gestoßen bin, ich gebe es auch öffentlich preis. Mit dieser Entscheidung ist vermutlich Aufruhr innerhalb des Familienkreises zu erwarten. Die Angst davor, schlecht dazustehen und eventuell angefeindet zu werden, trägt noch ein weiteres zum eigenen Unbehagen bei.

»*Mein Onkel war total sauer auf mich und machte mir bittere Vorwürfe. Es gab eine schreckliche Szene zwischen uns. Erst als ich ihn angeschrien habe, daß er als ihr Bruder doch auch Verantwortung für sie hätte, war er ruhig.*«

Häufig steckt hinter solchen Reaktionen anderer Familienmitglieder deren eigene Abwehr. Solange jemand die Pflege übernimmt, ist alles gut. Aber wenn diese (stillschweigende) Vereinbarung ins Schwanken gerät, dann kommen bei Verwandten die eigenen Ängste vor der Verantwortung hoch, die manchmal aggressiv ausgelebt werden. Doch es gibt auch andere Reaktionen, die friedlich verlaufen.

»*Als ich mich entschlossen hatte, meine Mutter jetzt doch in ein*

Pflegeheim zu geben, habe ich eine große Familienkonferenz einberufen und meinen Entschluß allen mitgeteilt. Ich hatte zwar furchtbar Angst davor, aber ich bin froh, daß ich mich dazu durchgerungen habe. Und erstaunlicherweise haben mich fast alle verstanden und es akzeptiert. Meine Tante hat ein bißchen geweint, aber das kann ich auch verstehen.«

Wenn die anderen Familienmitglieder über den Prozeß der Pflege und über alle auftauchenden Schwierigkeiten informiert sind und zum Teil auch selbst direkt erfahren haben, was es heißt zu pflegen, dann reagieren sie meistens mit großem Verständnis. Diese Situation ist ein gutes Beispiel dafür, wie wichtig es ist, von Anfang an all den Kummer nicht mit sich alleine abzumachen, sondern die nächsten Verwandten miteinzubeziehen und sich auszusprechen.

Viele Menschen, die erwägen, die Pflege abzubrechen, denken dabei nicht nur an die nächsten Verwandten, sondern auch an Freunde oder Nachbarn. Wirkliche Freunde sind meist kein Problem. Sie sind in der Regel über die strapaziöse Situation so weit informiert, daß sie Verständnis haben. Schwieriger wird es mit der Nachbarschaft. Nun kann man sich zwar sagen, daß die Nachbarn doch letztlich keine Rolle spielen. Dies scheint jedoch selten zu funktionieren. Man kann immer wieder erleben, daß sich viele Menschen einen ungeheuren Druck auferlegen, wenn es um die Meinung ihrer Umwelt geht. Die Angst vor dem »Gerede« ist größer als die Akzeptanz der eigenen Entscheidung.

Es ist vielleicht am einfachsten, zunächst einmal die Nachbarn zu informieren, mit denen man sich am besten versteht, denn diese sind vermutlich auch emotional am wichtigsten. Neuigkeiten verbreiten sich erfahrungsgemäß in Windeseile, so wird sich auch die Nachricht von dieser Entscheidung und den Gründen dafür schnell herumsprechen.

»Es war unglaublich. Ich habe mich am Vormittag bei der Krankenkasse informiert über die Pflegeversicherung. Und zufällig hörte dies eine Frau, die bei mir in der Straße wohnt. Am

selben Nachmittag kam meine Nachbarin auf mich zu und erkundigte sich, wie es denn jetzt mit meinem Vater weiterginge.«

Um zu entscheiden, wie man auf das Verhalten der anderen reagiert, und um mit sich selbst ins Reine zu kommen, ist die einfachste, aber vielleicht wirkungsvollste Frage an sich selbst: Wer und was ist mir wirklich wichtig? Ein wesentlicher, positiver Effekt der Pflegeerfahrung ist sicherlich zu lernen, wie man Wichtiges von Unwichtigem unterscheidet.

Was kann ich für mich tun?

Im Lauf der Zeit kann es passieren, daß man sich selbst nur noch als pflegenden Menschen definiert und alle anderen Aspekte des eigenen Selbst völlig vergißt.

Gerade in stark belastenden Situationen kann schnelle Hilfe und Entlastung notwendig werden. Wenn man beispielsweise nach Hause kommt und die Mutter wie üblich fragt, wer man denn eigentlich sei und wilde Beschimpfungen losläßt, kann man genau an die Grenze kommen, bei der man am liebsten das Haus auf der Stelle und für immer verlassen würde.

An diesen Punkt kommen pflegende Angehörige sehr häufig. Das Gefühl, endgültig nicht mehr zu können und völlig erschöpft zu sein, breitet sich aus. Der Grund liegt sicherlich in der permanenten Anstrengung, aber auch in der Tatsache, daß viele Pflegende völlig vergessen, auf sich selbst zu achten und sich etwas Gutes zu tun.

Sich erlauben, Mensch zu sein

Unabhängig davon, ob die Pflege der Eltern aus einem Gefühl der Verpflichtung oder aus einem inneren Wunsch heraus übernommen wurde, es ist auf alle Fälle wichtig, sich auch weiterhin als Mensch mit seinen vielen verschiedenen eigenen Bedürfnissen zu spüren. Letztlich profitieren alle Beteiligten von der Ausgeglichenheit der pflegenden Angehörigen. Dazu ist es unter anderem notwendig, sich auch weiterhin das Recht zu nehmen, seine Bedürfnisse auf allen im Kapitel »Wo bleibt das eigene Leben?« beschriebenen Stufen zu befriedigen, das heißt auch Dinge zu tun, die einem Spaß machen.

Die amerikanische Therapeutin Virginia Satir gebrauchte in ihrem Buch »Selbstwert und Kommunikation« das Bild von einem inneren »Pott«, über den jeder Mensch verfügt, und der je nach aktueller Situation unterschiedlich gefüllt ist. Dieser Pott kann als Gradmesser für die innere Zufriedenheit gewertet werden. Je voller dieser Pott ist, je »satter« man in sich selbst ist, desto mehr kann man aus dem Vollen schöpfen. Umgekehrt kann man aus einem leeren Pott nicht mehr viel holen. Deshalb gehört es zu unseren Aufgaben, darauf zu achten, daß dieser Pott immer so gut wie möglich gefüllt ist, um dadurch auch anderen davon abgeben zu können.

Verpflichtung, auf sich selbst zu achten

Solange man tagtäglich voll in die Pflege der Eltern eingebunden ist, spürt man sich selbst kaum mehr. Es ist bisweilen so selbstverständlich geworden, diese Aufgabe zu erfüllen, daß manchmal die Anspannung bzw. die innere Leere kaum ins Bewußtsein dringt.

Bei ständiger Überlastung und Streß ist die Gefahr einer Erkrankung sehr groß. Viele leiden unter Magen-Darm-Problemen und Herz-Kreislauf-Beschwerden. Diese Symptome kann man auf der symbolischen wie auf der physiologischen Ebene erklären: Es liegt mir etwas im Magen bzw. auf dem Herzen. Der Kreislauf meines Lebens dreht sich nach anderen Regeln.

Gefühle von Unfähigkeit, Gereiztheit, Ärger und Wut, aber auch Hilflosigkeit, Depression und Mutlosigkeit sind wichtige Alarmzeichen. Bevor psychosomatische Erkrankungen uns zur Ruhe zwingen, sollten wir selbst darauf achten, uns Pausen zu gönnen.

Der erste Schritt ist, sich klarzumachen, daß externe Hilfe durchaus möglich ist, und der nächste, sich diese Hilfe zu gönnen bzw. ihre Notwendigkeit einzusehen. Diese beiden Schritte sind wichtige Voraussetzungen, um die eigene Lebendigkeit wieder zu spüren.

Allein über die eigene Belastung sprechen zu können, wirkt manchmal Wunder. Bisweilen ist der Druck so groß, daß kaum mehr Zeit bleibt, sich mit der Partnerin bzw. dem Partner auszutauschen. Neben dem eigenen Wohlbefinden leidet erfahrungsgemäß auch die Beziehung unter der Überbelastung und der oft daraus resultierenden Sprachlosigkeit. Meist kann es schon gut tun, dem eigenen Kummer wieder Worte zu geben.

In vielen Fällen weigern sich die Partner, »ewig« von den Problemen mit den Eltern zu hören. So werden beide Partner immer frustrierter und stummer.

»Mein Mann versteht mich nicht!«, »Meine Frau läßt mich mit all meinen Schwierigkeiten im Stich!«, denkt die eine Seite, »Nie hat er für mich Zeit!«, »Immer jammert sie mir vor!«, die andere. Solche Verallgemeinerungen sind verständlich. Im Streß neigen wir dazu, zu verabsolutieren und unseren Blick nur auf die negativen Aspekte zu richten. Aus einer Mischung aus Wut und Erschöpfung heraus sind wir oft ungerecht mit unserer Umwelt. Die Erkenntnis unseres eigenen Beitrags zu dieser Misere ist ein weiterer wichtiger Schritt zurück ins Leben.

Die Partner von pflegenden Angehörigen verweigern zwar manchmal ein geduldiges Ohr für die meist ewig gleichen Geschichten, aber vielleicht gibt es andere Möglichkeiten, wieder miteinander in Kontakt zu treten. So gut es tun kann, kräftig zu jammern, so kann man doch auch überlegen, welche positiven Erlebnisse möglich sind, um sich wieder ein wenig zu entlasten und die Spannungen abfallen zu lassen.

Freizeitaktivitäten

Gerade in Belastungssituationen mangelt es uns an Phantasie darüber, wie wir uns Erleichterung verschaffen können. Eine einfache Möglichkeit ist, sich in aller Ruhe daran zu erinnern, wie wir vor der Pflege gelebt haben und was wir getan haben in Lebensabschnitten, in denen wir uns wohl fühlten, in denen wir Spaß hatten und in denen es uns gut ging. Manchmal erfordert es ein wenig Zeit und Geduld, sich zu überlegen, was das Leben noch alles zu bieten hat.

Meist kommen uns dann alte Erinnerungen über die Freude, ins Konzert zu gehen, einen Film anzusehen oder Freunde zu treffen, um nur einige Beispiele zu nennen. Wann haben wir das letzte Buch gelesen? Es gab und gibt viele Möglichkeiten, sich zu entspannen und sich Gutes zu tun. Die meisten pflegenden Angehörigen haben nur in diesen Situationen das Gefühl, kein Recht darauf zu haben, oder sehen keine Möglichkeit, irgend etwas davon umzusetzen.

Wenn man stark eingespannt ist, vergißt man seine bisherigen Hobbies meist vollkommen. Völlig gleichgültig, ob diese Hobbies handwerklicher Art sind oder »nur« konsumierend, die Hauptsache ist die Unterbrechung der Pflege, das Auftanken durch neue Anregungen, das Wahrnehmen der Welt außerhalb der eigenen vier Wände.

Zu diesen Möglichkeiten aufzutanken gehört auch Musik. Musik wird seit langem zur Beruhigung und Entspannung angewendet. Wegen ihrer heilenden und beruhigenden Wirkung arbeiten auch viele therapeutische Einrichtungen mit Musikinstrumenten. Sowohl Musik zu hören wie auch selbst zu musizieren sind wichtige Beiträge zum Streßabbau.

Entspannungsübungen sind eine große Hilfe, besonders wenn der Körper mit typischen Belastungssymptomen reagiert, zum Beispiel mit den bereits erwähnten Herz-Kreislauf-Beschwerden oder mit Rücken- und Kopfschmerzen. Diese Reaktionen zeigen uns, daß die Last, die wir tragen, zu groß wird.

Es gibt unterschiedliche Formen von Entspannungsübungen. Die Volkshochschulen bieten verschiedene davon an. Die Entspannung nach Jacobson ist eine sehr leicht zu lernende Technik, die man überall ohne Probleme einsetzen kann. Die einzelnen Muskelgruppen des Körpers werden erst bewußt angespannt, um sie anschließend wesentlich besser entspannen zu können. Das autogene Training hat sich ebenfalls sehr gut bewährt, ist aber wesentlich schwieriger zu erlernen. Aber auch Yoga oder Tai Chi können sehr wirkungsvoll zur körperlichen und seelischen Entspannung beitragen.

Im Zuge von Sparmaßnahmen sind leider die früher von den Krankenkassen angebotenen Streßbewältigungsprogramme gestrichen worden. Es lohnt sich jedoch, immer wieder nach diesen Programmen zu fragen, um das Interesse zu bekunden, oder auf andere Angebote, beispielsweise von Familienbildungsstätten, zu achten. Ziel dieser Programme ist es, neue Strategien zur Bewältigung der individuellen Belastungssituation zu erarbeiten. Dabei richtet sich ein Hauptaugenmerk auf die eigenen Ressourcen, d.h. auf die eigenen Kräfte und Stärken, um ganz persönliche Möglichkeiten des Streßabbaus zu entwickeln.

Aber selbst ohne diese Kurse kann jeder auf seine eigene Art und Weise ein wenig Streß abbauen. Bewegung ist dazu ein wichtiges Mittel, das noch dazu preiswert einzusetzen ist: Ruhige Spaziergänge, Fahrradtouren, Schwimmen, jede Form von Sommer- bzw. Wintersportarten, Museen und Ausstellungen besuchen, alles, was eine Unterbrechung bietet, um ein wenig aus dem Alltagstrott herauszukommen und sich wieder lebendig zu fühlen.

Kontakte zur Außenwelt

Neben den Kontakten innerhalb der Familie sind die Beziehungen zu Freunden von großer Bedeutung. Aber gerade die Freundschaften leiden häufig unter diesen Situationen. Zum einen liegt dies sicherlich an der hohen zeitlichen wie psychischen Belastung durch die Pflege, die meist kaum mehr Raum für anderes läßt, vielleicht aber auch an manchen Freunden selbst, die Angst davor haben, sich mit pflegenden Menschen auseinanderzusetzen, oder falsche Rücksicht üben.

Es liegt zu einem großen Teil aber auch an den Betroffenen selbst, die sich kaum mehr nach außen orientieren. Dies mag durch Gedanken wie ›Mich versteht sowieso niemand‹, aber auch aus Scham über die problembeladene Situation der Eltern hervorgerufen werden. Viele haben das Gefühl, die Eltern und damit auch sich selbst sonst bloßzustellen. »Was denken meine Freunde, wenn sie erfahren, daß meine Mutter mich täglich fragt, wer ich eigentlich bin?«, »Wollen meine Freunde wirklich wissen, daß ich meinem Vater immer Windeln anlegen muß?« sind Fragen, die sie sich immer wieder stellen.

Diese Selbstbeschränkung einerseits und Zweifel an den Freunden andererseits führen oft zu großer Einsamkeit. So schleichend, wie sich die Gebrechen der Eltern einstellen können, so schleichend können sich die Freundschaften verändern. Durch die ganze Anspannung wird den wenigsten bewußt, daß es in guten Freundschaften durchaus möglich ist, von sich selbst zu erzählen, ein wenig Dampf abzulassen und vielleicht auch über bestimmte Situationen zu lachen.

Es gibt sicherlich Außenstehende, die kein Verständnis zeigen und nichts davon hören wollen. Andere reagieren verwundert über eine Schilderung, was es wirklich heißt, eine geistig verwirrte Mutter oder einen extrem körperbehinderten Vater zu Hause zu haben. Gerade in Krisensituationen wird sehr schnell deutlich, welche Menschen wirklich gute Freunde sind und zu einem stehen, und welche sich distanzieren. Nur, um dies herauszufinden, müssen wir der Umwelt erst einmal eine Chance geben, zu uns zu stehen. Nur wenn wir uns öffnen und erzählen, können uns Freunde adäquat begegnen (oder auch nicht).

Außenstehende reagieren bedauerlicherweise häufig vorschnell mit »guten« Ratschlägen, zum einen sicherlich oft gut gemeint, zum anderen auch aus der großen Unsicherheit heraus, nicht zu wissen, wie mit diesem Thema umzugehen ist. Ratschläge sind sicherlich wichtig, aber manchmal auch eine Methode, um uns abzuwimmeln und damit aus dieser mißlichen Situation herauszukommen. Dahinter verbirgt sich oft das Unvermögen, in Ruhe zuzuhören, sich mit den eigenen Ängsten auseinanderzusetzen. Und in vielen Fällen haben die Außenstehenden Schwierigkeiten mit ihrer eigenen Hilflosigkeit. Bevor sie dies zugeben, erscheint es ihnen leichter, schnell auf die andere Straßenseite zu wechseln, um nicht in ein Gespräch verwickelt zu werden.

Aber zur selben Zeit leisten auch die pflegenden Angehörigen ihren Beitrag dazu. Davon ausgehend, daß sie sowieso niemand verstehen kann, errichten viele schon vorab eine hohe Mauer. Häufig läuft dies gar nicht bewußt ab, aber allein die Art der Mimik und Gestik kann bereits ausdrücken: »Sprecht mich nicht an. Ich habe Probleme, von denen ich niemandem etwas erzählen will.«

Viele können generell schlecht über ihre Probleme sprechen. Solange man auf der Small-Talk-Ebene bleibt und über das Wetter spricht, fühlen sie sich auf sicherem Boden. Echte Probleme anzusprechen macht dagegen Schwierigkeiten.

»Ich habe schon immer wieder vor, mal mit meiner Nachbarin darüber zu reden, aber ich weiß einfach nicht, wo und wie ich anfangen soll. Das ist alles so viel. Und dann denke ich wieder, daß sie das eh nicht verstehen kann, und so habe ich es bis heute noch nicht geschafft, ihr auch nur die leiseste Andeutung davon zu machen, wie es mir mit meiner Mutter geht. Dabei ist meine Nachbarin eigentlich eine nette Frau.«

Die kleine Frage: »Was kann ich eigentlich verlieren, wenn ich es meiner Nachbarin erzähle?« kann helfen, die eigenen Hemmungen zu überwinden, den Sprung ins kalte Wasser zu wagen und einfach mal auszuprobieren, wie die anderen reagieren.

Therapeutische Unterstützung

In manchen Fällen kann es auch sehr entlastend sein, sich therapeutische Unterstützung zu holen. Vor allem wenn die Schuldgefühle übermächtig werden, liegt der Verdacht nahe, daß weit zurückliegende Probleme dahinterstecken. Wie bereits oben gezeigt wurde, hängen die widersprüchlichsten Gefühle häufig eng zusammen. Schuldgefühle können eng gepaart sein mit übermächtigen Aggressionen.

»*Ich fühlte mich völlig verwirrt durch die Schaukelpolitik meiner Mutter. Ich wußte überhaupt nicht mehr, was ich glauben konnte und was nicht. Sie hat einfach alles abgestritten. Ich bin dann durchaus froh gewesen, daß ich therapeutische Hilfe in Anspruch nehmen konnte, weil da jemand war, dem ich vertraute und der diese Fäden wieder entwirren konnte, die mir schon gar nicht mehr möglich waren zu entwirren.*«

In manchen Fällen kann es sinnvoll sein, die in ihrem Ursprung oft weit zurückliegenden Probleme durch eine Psychoanalyse zu bearbeiten, um mit sich und mit seiner Geschichte Frieden zu finden und sich dadurch auch mit den Eltern zu versöhnen. Diese Versöhnung fällt jedoch oft schwer. Manche versuchen einfach über ihre Probleme mit den Eltern hinwegzusehen, sich einzureden, daß alles nicht so schlimm sei, und den Ärger runterzuschlucken. Doch diese Methode hilft meist nur kurzfristig. Die Frustration macht sich häufig in anderen Situationen wieder breit.

Wirklich zu vergeben oder zumindest Abstand zu den Dingen zu bekommen, kann manchmal harte Arbeit sein. Denn Ruhe kann man in vielen Fällen nur finden, wenn man sich auch mit der eigenen Geschichte konfrontiert, d.h. auch mit den eigenen »Schattenseiten«. Viele negativen Erlebnisse sind oft tief verwurzelt in der Kindheit und häufig ohne therapeutische Hilfe kaum faßbar.

Kinder haben meist schon früh gelernt, an vielen Dingen Schuld zu haben. Selbst bei extremen Erlebnissen wie beispielsweise Gewalterfahrungen jeglicher Art innerhalb der Familie haben Kinder oft das Gefühl, selbst Schuld zu sein. Kinder wollen von ihren Eltern geliebt werden und sie lieben können. Wenn sie vernachlässigt, geschlagen oder mißbraucht werden, fühlen sie Wut und Haß gegen ihre Eltern. Die Eltern zu hassen, erzeugt zunächst eine Distanz zu ihnen. Doch Kinder leben in einem extremen Abhängigkeitsverhältnis zu ihren Eltern. Sie bilden das absolute Zentrum ihres Lebens. Diese Distanz bewirkt somit eine hohe Angst vor dem Verlassenwerden bzw. davor, nicht mehr zur Familie zu gehören. Um diesem Dilemma zu entkommen, machen sich viele Kinder vor, daß sie selbst Schuld an der Misere seien. So wehren sie ihre Aggressionen mit Schuldgefühlen ab. Sie geben sich damit selbst die Verantwortung für das Geschehen.

Jedes Kind hat in seinem Leben irgendwann etwas kaputt gemacht oder etwas getan, wofür es geschimpft oder bestraft wurde, d.h. wir lernen schon sehr früh, für etwas die Schuld zu haben. Diese Erfahrung bestätigt und verstärkt das kindliche Konstrukt, selbst dafür verantwortlich zu sein, wenn die Eltern in irgendeiner Form entwertend oder zerstörerisch werden. Indem sie sich die Situation so erklären, müssen sie die Eltern nicht mehr hassen, und Verlassenheitsängste werden überflüssig.

Die Kinder machen sich mit diesen Gedankengängen und Gefühlen noch einmal selbst zum Opfer, und diese Opferhaltung setzt sich oft ein Leben lang fort. In den meisten Fällen ist es sehr schwierig, diesen komplizierten Mechanismus ohne Hilfe von außen selbst zu durchschauen und schließlich davon frei zu werden.

Eine psychoanalytische Aufarbeitung ist leider sehr langwierig und sicherlich nicht in jedem Fall nötig. Deshalb ist es manchmal empfehlenswert, durch kürzere therapeutische Verfahren wie Verhaltenstherapie oder Hypnose wieder ein wenig Klarheit in das eigene Leben zu bekommen. Die Verhaltenstherapie kann sehr hilfreich sein, um zum Beispiel einen neuen Umgang mit den eigenen Aggressionen und den täglichen Belastungen zu lernen. Durch Hypnotherapie kann man wieder mehr an Stärke und Selbstsicherheit aufbauen, es ist aber auch ein gutes Verfahren, um sich manche Dinge mit Distanz ansehen und sich entspannen zu können.

Therapeutische Sitzungen sind sehr hilfreich, um wieder eine neue Struktur im Leben zu finden und einen anderen Umgang mit den eigenen Gefühlen zu erarbeiten. In manchen Fällen kann es auch gut tun, sich wirklich noch einmal mit der eigenen Kindheit zu beschäftigen, um davon in einer adäquaten Weise Abschied zu nehmen.

Selbsthilfegruppen pflegender Angehöriger

Pflegende Angehörige wirklich verstehen kann kaum jemand, der diese Situation nicht selbst erlebt hat. Ehepartner sind zwar die Hauptansprechpartner, sie sind aber oft schon durch die eigene emotionale Bedürftigkeit völlig überfordert. Sie sind selbst in ihren Problemen mit der Situation und in ihrer eigenen Sichtweise gefangen.

Selbsthilfegruppen bringen pflegenden Angehörigen daher meist mehr Entlastung. Bei den regelmäßig stattfindenden Treffen kann man sich austauschen und über spezifische Probleme und Gefühle sprechen. Man kann endlich spüren: »Ich bin nicht allein. Anderen geht es genauso, sie haben die selben Probleme, die selben Gefühle wie ich.«

Die meisten pflegenden Angehörigen kämpfen mit einer Mischung aus Wut und Hilflosigkeit. Wut auf die Eltern zu verspüren, ist für viele sehr belastend, vor allem weil man weiß, daß die Eltern all diese Schwierigkeiten nicht mit Absicht machen. Der Kopf kann dies verstehen, aber der Bauch zieht sich zusammen, Ärger macht sich breit und führt zu Schuldgefühlen.

Das Gefühl der Hilflosigkeit ist zwar schwerer zu ertragen, weil es beängstigt und beschämt, aber wir können es besser vor uns selbst verantworten als die Wut. Für unsere Hilflosigkeit müssen wir uns nicht rechtfertigen. Diese beiden Gefühle hängen jedoch sehr eng zusammen. Hilflosigkeit macht wütend, unterdrückte Wut macht hilflos. Und so drehen wir uns im Kreis.

Selbsthilfegruppen sind genau an diesem Punkt eine wunderbare Möglichkeit, sich von dem innern Druck zu entlasten und vor allem um zu spüren, daß man von anderen verstanden wird. Auch sie leiden unter ihrer Anspannung und sind manchmal am Rande ihrer Möglichkeiten angekommen.

Diese kleinen informellen Gruppen, an denen in der Regel acht bis zwölf Personen teilnehmen, treffen sich einmal wöchentlich oder 14tägig für etwa zwei Stunden. Ziel der Gruppen ist, sich auszutauschen, Dampf abzulassen und vielleicht auch Anregungen und neue Ideen mit nach Hause zu nehmen.

Das Erzählen über die häusliche Pflegesituation ist eine sehr persönliche Angelegenheit, die sehr viel Vertrauen voraussetzt. Manchmal braucht man erst ein wenig Zeit, um die eigene Geschichte preiszugeben. Die Tatsache, daß alle Teilnehmer/innen in der gleichen Situation sind, macht es schließlich einfacher, sich zu öffnen, denn in diesen Gruppen kann man spüren, daß die anderen wissen, wovon man spricht. Die Erzählungen anderer lassen wiederum eigene wohlbekannte Bilder aufsteigen, und durch diese Vertrautheit mit den Problemen kann man innerhalb der Gruppe den Anliegen der anderen mit viel Geduld begegnen.

Selbsthilfegruppen bieten einen Ort, an dem die Betroffenen auch wieder Vertrauen zu sich selbst bekommen können. Die eigenen Erzählungen und die Berichte anderer führen zu Entlastung und Ermutigung. Gerade in einer Lebensphase, in der viele Menschen sich selbst kaum mehr wahrnehmen, spielt diese Unterstützung eine besondere Rolle. Den Pflegenden, die sich nur noch durch die Pflege definieren, kann es ungemein gut tun, Anerkennung von anderen Betroffenen zu erhalten. Durch den Austausch wird der Wert der Pflege noch einmal deutlich hervorgehoben. Das Gefühl, wir bzw. ich leiste etwas sehr Wertvolles, ist eine wichtige Bestätigung für den Alltag.

Diese Selbsthilfegruppen geben aber auch die Möglichkeit, über all das, was man täglich erlebt, all die anstrengenden Aufgaben, all die entwürdigenden Kränkungen, auch mal zu lachen und damit Aggressionen abzubauen und Abstand zu gewinnen. Auch wenn es vielleicht an einem anderen Ort nicht adäquat erscheint, über die Verwirrtheit der Mutter zu lachen, hier ist es möglich, weil die anderen Anwesenden dies verstehen und nicht als üblen Scherz abtun. Eine derartige »Psychohygiene« findet man in allen Berufsgruppen, die ständig auf einem hohen Streßlevel arbeiten müssen.

Man kann bei örtlichen Kontaktstellen oder auch bei der Nationalen Kontakt- und Informationsstelle zur Anregung und Unterstützung von Selbsthilfegruppen (NAKOS) Adressen von regionalen Gruppen erfahren. Falls man selbst aktiv werden möchte, bieten manche Beratungsstellen beim Aufbau von Selbsthilfegruppen auch Begleitung an für die ersten fünf bis zehn Sitzungen.

Folgende Vorgehensweise für die Gestaltung der einzelnen Sitzungen hat sich bewährt:

Begonnen wird mit der *Eingangsrunde*, die dazu dient, zu hören, wie es den anderen während der letzten Woche ergangen ist und – falls man über ein Problem sprechen möchte – ein Thema anzumelden. Bei der Eingangsrunde ist wichtig, daß jede/r zumindest kurz etwas sagt, um die Hemmung, in einer Gruppe zu sprechen, ein wenig zu überwinden, aber auch, um den anderen einen kurzen Eindruck über das eigene Befinden zu geben. Damit kann man die Stimmung der einzelnen Teilnehmer/innen später im Gespräch besser einschätzen. Es ist wichtig, während dieser Runde nur zu berichten und nicht zu unterbrechen, um nachzufragen, da sonst die Gefahr besteht, daß man sich bereits in ein Gespräch vertieft und die anderen Teilnehmer nicht mehr zum Zug kommen.

Während der *Hauptrunde* werden nun die »angemeldeten Probleme« der Reihe nach genauer vorgestellt, und die anderen können ihren Beitrag dazu beisteuern. Auch in der Gruppensituation müssen die einzelnen Teilnehmer lernen, sich gegenseitig einfach anzunehmen und nach Möglichkeit auf Ratschläge zu verzichten, da diese meist nur kränkend wären. Es ist sinnvoll, auf die Zeit zu achten, damit alle gleichermaßen die Chance haben, während der zwei Stunden ihre Probleme zu äußern.

Am Schluß der Sitzung kann man noch eine »*Reste*«-*Runde* einlegen, falls noch jemand dringend etwas los werden will, was nicht bis zum nächsten Mal warten kann. Damit sich die Gruppe tatsächlich an diese Regeln hält, ist es empfehlenswert, am Schluß der Sitzung jeweils eine Moderatorin bzw. einen Moderator für das nächste Treffen zu bestimmen, die oder der dann auf die Einhaltung der Zeit und der Regeln achten soll.

Die Ziele in Selbsthilfegruppen werden oft ausgebaut. So wird es vielen Gruppen selbstverständlich, sich gegenseitig auch auf eine praktische Art und Weise zu unterstützen. Es bietet sich nicht nur die Möglichkeit des abwechselnden »Eltern-sittings«, in den Gruppen werden auch viele wichtige Tips ausgetauscht über Instrumente, Ärzte, Hilfsmittel usw.

Damit bekommen Selbsthilfegruppen eine Doppelfunktion. Die einzelnen Teilnehmer/innen begleiten und entlasten einander und sie befähigen sich gegenseitig durch ihre vielfältigen Erfahrungen.

Im Lauf der Jahre entwickelt sich auf diese Weise innerhalb der Gruppen ein großes Potential an Wissen. Viele Gruppen erweitern durch ihre Anhäufung von Kompetenz mit der Zeit ihr Selbstverständnis und beginnen, ihre Handlungsfelder durch Öffentlichkeitsarbeit und Interessenvertretung anderer pflegender Angehöriger zu vergrößern. So wird aus der kleinen informellen Selbsthilfegruppe manchmal ein großer Verband. (Die Adressen einiger Bundesverbände können Sie im Anhang finden.)

Die Teilnehmer/innen dieser erweiterten Form der Selbsthilfegruppen suchen auch oft Kontakt zu Experten und laden Referenten zu bestimmten Themen ein. Zum Teil übernehmen sie außerdem pflegenahe Aktivitäten wie Besuchsdienste, Behördengänge, Besorgungen usw.

Manchmal werden auch schlicht und einfach gesellige Veranstaltungen arrangiert, bei denen man mit anderen lachen und sich entspannen kann. Und manchmal nehmen auch noch ehemalige Betroffene teil, die von ihren Erfahrungen berichten können:

»Ich habe auch viel gelernt durch die Pflege meiner Mutter. Die Zeit war hart, aber ich möchte diese Erfahrung nicht missen, und ich würde es jederzeit wieder tun. Ich habe nicht nur gelernt, Unwichtiges von Wichtigem zu unterscheiden, ich bin auch empfindsamer für andere Menschen geworden. Und ich glaube dies ist etwas sehr Wertvolles.«

Zusammenfassung der Hinweise:

- den inneren Pott füllen
- Gespräche führen
- Aktivitäten:
  - Konzert besuchen
  - ins Kino gehen
  - Bücher lesen
  - Freunde treffen
  - Museen besuchen
  - Hobbies nachgehen
- Musik
  - hören
  - selbst musizieren
- Entspannungsübungen:
  - Muskelentspannung nach Jacobson
  - Autogenes Training
  - Yoga
  - Tai Chi
- Streßbewältigungsprogramm
- Bewegung:
  - Wandern
  - Fahrrad fahren
  - Schwimmen usw.
- Therapie
- Selbsthilfegruppen pflegender Angehöriger

Anhang

Adressen

Bundesministerien

Bundesministerium für Arbeit und Sozialordnung
Postfach 14 02 80   Tel. (02 28) 5 27-0
53105 Bonn   Fax (02 28) 5 27 2965

Bundesministerium für Bildung, Wissenschaft, Forschung und
Technologie
Heinemannstr. 2   Tel. (02 28) 57-0
53175 Bonn   Fax (02 28) 57-36 01

Bundesministerium für Familie und Senioren
Referat Öffentlichkeitsarbeit
Postfach 20 15 51   Tel. (02 28) 9 30-0
53145 Bonn   Fax (02 28) 9 30-22 21

Bundesministerium für Gesundheit
Postfach 17 02 08   Tel. (02 28) 9 41-0
53028 Bonn   Fax (02 28) 9 41-49 00

Bundesministerium des Inneren
Postfach 17 02 90   Tel. (02 28) 6 81-0
53108 Bonn   Fax (02 28) 6 81-46 65

Bundesministerium der Justiz
53170 Bonn   Tel. (02 28) 58-0
                         Fax (02 28) 58-45 25

Bundesministerium für Raumordnung, Bauwesen und Städtebau
Deichmannsaue   Tel. (02 28) 3 37-0
53179 Bonn-Bad Godesberg   Fax (02 28) 3 37-30 60

Wirtschaftsministerium Baden-Württemberg
Theodor-Heuss-Str. 4   Tel. (07 11) 123-0
70174 Stuttgart   Fax (07 11) 123-21 26

Institutionen der freien Wohlfahrtspflege (Bundesverbände)

Arbeiter-Samariter-Bund Deutschland e.V. (ASB)
Bundesvorstand
Postfach 42 03 49   Tel. (02 21) 476 05-0
50897 Köln   Fax (02 21) 476 05-288

Arbeiterwohlfahrt
Postfach 11 49   Tel. (02 28) 66 85-0
53001 Bonn   Fax (02 28) 66 85-209

Bundesarbeitsgemeinschaft der Freien Wohlfahrtspflege
Franz-Lohe-Str. 17   Tel. (02 28) 226-1
53129 Bonn   Fax (02 28) 226-266

Deutscher Caritas-Verband e.V.
Lorenz-Worthmann-Haus
Postfach 420   Tel. (07 61) 200-0
79004 Freiburg   Fax (07 61) 200-572

Deutscher Paritätischer Wohlfahrtsverband – Gesamtverband
Heinrich-Hoffmann-Str. 3   Tel. (0 69) 67 06-0
60528 Frankfurt am Main   Fax (0 69) 67 06-204

Deutscher Verein für öffentliche und private Fürsorge
Am Stockborn 1-3   Tel. (0 69) 58 03-1
60439 Frankfurt am Main   Fax (0 69) 58 03-381

Deutsches Rotes Kreuz
Postfach 14 60   Tel. (02 28) 5 41-1
53004 Bonn   Fax (02 28) 5 41-290

Diakonisches Werk der Evangelischen Kirche in Deutschland
Postfach 10 11 42   Tel. (07 11) 21 59-0
70010 Stuttgart   Fax (07 11) 21 59-288

Johanniter-Unfall-Hilfe e.V. – Bundesgeschäftsführung
Karl-Legien-Str. 188   Tel. (02 28) 68 30-0
53117 Bonn   Fax (02 28) 68 30-444

Malteser-Hilfsdienst e.V.
Postfach 91 05 58   Tel. (02 21) 98 22-01
51075 Köln   Fax (02 21) 98 22-399

Verband freikirchlicher Diakoniewerke
Am Isfeld 19   Tel. (0 40) 80 92-115
22589 Hamburg   Fax (0 40) 80 92-114

Volkssolidarität e.V.
Rykestr. 53   Tel. (0 30) 4 43 03-30
10405 Berlin   Fax (0 30) 4 42 72 84

Zentralwohlfahrtsstelle der Juden in Deutschland
Hebelstr. 6   Tel. (0 69) 94 43 71-1
60318 Frankfurt am Main   Fax (0 69) 49 48 17

Organisationen im Bereich Gesundheit

Arbeitskreis Gesundheit im Alter
Postfach 1250   Tel. (0 22 93) 35 41
51582 Nürnbrecht   Fax (0 22 93) 37 07

Bundesverband für die Rehabilitation der Aphasiker e.V.
Oberthürstr. 11a   Tel. (09 31) 57 37 29 o. 59
97070 Würzburg   Fax (09 31) 57 31 41

Bundesarbeitskreis für Rehabilitation
Walter-Kolb-Straße 9-11   Tel. (0 69) 60 50 18-0
60594 Frankfurt am Main   Fax (0 69) 60 50 18-29

*Bundesselbsthilfeverband Schlaganfallbetroffener und gleichartig
Behinderter e.V.*
Altkrautheimer Str. 17   Tel. (0 62 94) 68-0
74238 Krautheim   Fax (0 62 94) 68 1 55

Bundeszentrale für Gesundheitliche Aufklärung
Postfach 91 01 52   Tel. (02 21) 89 92-1
51071 Köln   Fax (02 21) 89 92-3 00

Deutsche Alzheimer Gesellschaft e.V.
Richard-Strauß-Str. 24   Tel. (0 89) 47 51 85
81677 München   Fax (0 89) 4 70 29 79

Gesellschaft für Humanes Sterben
Postfach 11 05 29   Tel. (08 21) 50 23-50
86030 Augsburg   Fax (08 21) 50 23-555

Deutsche Hospiz-Hilfe
Reit 25   Tel. (0 41 81) 3 88 55
21244 Buchholz   Fax (0 41 81) 3 94 95

Deutsche Krebshilfe e.V.
Postfach 14 67   Tel. (02 28) 7 29 90-0
53004 Bonn   Fax (02 28) 7 29 90-11

Deutsche Parkinson Vereinigung e.V.
Moselstr. 31   Tel. (0 21 31) 4 10 16
41464 Neuss   Fax (0 21 31) 4 54 45

Deutsche Rheuma-Liga e.V.
Rheinallee 69   Tel. (02 28) 35 54 25
53173 Bonn   Fax (02 28) 35 81 17

Deutsche Vereinigung für die Rehabilitation Behinderter e.V.
Friedrich-Ebert-Anlage 9   Tel. (0 62 21) 2 54 85
69117 Heidelberg   Fax (0 62 21) 16 60 09

Gesellschaft für Gehirntraining e.V.
Postfach 14 20   Tel. (0 80 92) 2 41 24
85555 Ebersberg   Fax (0 80 92) 2 03 67

Gesellschaft für Inkontinenzhilfe e.V.
Friedrich-Ebert-Str. 124   Tel. (05 61) 78 06 04
34119 Kassel   Fax (05 61) 77 67 70

Kuratorium Knochengesundheit e.V.
Leipziger Str. 6   Tel. (0 72 61) 92 17-0
74889 Sinsheim   Fax (0 72 61) 92 17-17

OMEGA-Mit dem Sterben leben e.V. – 1. Bundesgeschäftsstelle
Postfach 14 07   Tel. (0 55 41) 53 56
43334 Hannover-Münden   Fax (0 55 41) 40 76

Selbsthilfegruppe Knochengesundheit für Osteoporose-Patienten e.V.
Hauptstr. 127   Tel. (0 62 21) 88-0
69214 Eppelheim   Fax (0 62 21) 88-32 44

Rentner- und Seniorenorganisationen

Alt hilft jung e.V.
Kennedyallee 62-70   Tel. (02 28) 8 89-2 36
53175 Bonn   Fax (02 28) 8 89-348

*Bund Deutscher Kriegsopfer, Körperbehinderter und Sozialrentner
(BDKK) e.V.*
Postfach 19 01 17   Tel. (02 28) 21 61 16
53037 Bonn

Bundesarbeitsgemeinschaft der Senioren-Organisationen (BAGSO)
Stockenstr. 14   Tel. (02 28) 63 53 10
53113 Bonn   Fax (02 28) 63 53 10

Bundessolidargemeinschaft der älteren Generation e.V. (BUSOG)
Eckebachstr. 23   Tel. (0 56 08) 35 35
34320 Söhrewald

Bundesseniorenvertretung e.V.
Schwedenstr. 2   Tel. (0 61 46) 56 36
65239 Hochheim   Fax (0 61 46) 8 41 12

Lebensabendbewegung (LAB)
Bödekerstr. 85   Tel. (05 11) 39 13 62
30161 Hannover   Fax (05 11) 9 62 91 13

*Reichsbund der Kriegsopfer, Behinderten, Sozialrentner und
Hinterbliebenen e.V.*
Beethovenallee 56-58   Tel. (02 28) 95 64-0
53173 Bonn   Fax (02 28) 95 64-311

Senioren-Schutz-Bund „Graue Panther" e.V.
Rathenaustr. 2   Tel. (02 02) 66 55 43
42277 Wuppertal   Fax (02 02) 64 62 90

Verband der Kriegs- und Wehrdienstopfer, Behinderten und Sozialrentner
Deutschlands (VDK) e.V.
Wurzerstr. 2-4   Tel. (02 28) 8 20 93-0
53175 Bonn   Fax (02 28) 8 20 93-43

Zwischen Arbeit und Ruhestand – ZWAR e.V.
Steinhammerstr. 3   Tel. (02 31) 61 70 66
44379 Dortmund   Fax (02 31) 61 70 68

Organisationen im Sozialbereich

Bundesarbeitsgemeinschaft der Beratungsstellen für ältere Menschen und
ihre Angehörigen (BAGA) – Geschäftsstelle Tübingen
Kirchgasse 1   Tel. (0 70 71) 2 24 98
72070 Tübingen   Fax (0 70 71) 2 39 20

Bundesarbeitsgemeinschaft der Sozialhilfeinitiative e.V.
Moselstr. 25   Tel. (0 69) 25 00 30
60329 Frankfurt am Main   Fax (0 69) 23 55 84

Die Brücke – Beratungsstelle für ältere Menschen und ihre Angehörigen
Martinistr. 29   Tel. (0 40) 4 60 21 58
20251 Hamburg   Fax (0 40) 6 91 07 09

Bundesarbeitsgemeinschaft Wissensbörse e.V.
Manderscheider Platz 8   Tel. (02 21) 44 85 44
50937 Köln   Fax (02 21) 44 85 44

Bundesdeutscher Senioren-Notruf e.V.
Osnabrücker Str. 26   Tel. (0 89) 1 40 44 44
80997 München   Fax (0 89) 1 43 16 35

Bundesinteressenvertretung der Altenheimbewohner e.V. (BIVA)
Vorgebirgsstr. 1   Tel. (0 22 54) 70 45
53913 Swisttal   Fax (0 22 54) 70 46

Kuratorium Wohnen im Alter e.V.
Bibergstr. 50   Tel. (0 89) 6 65 58-5 00
82008 Unterhaching   Fax (0 89) 6 65 58-5 38

Nationale Kontakt-und Informationsstelle zur Anregung und
Unterstützung von Selbsthilfegruppen (NAKOS)
Albrecht-Achilles-Str. 65   Tel. (0 30) 8 91 40 19
10709 Berlin   Fax (0 30) 8 91 40 14

Neues Wohnen im Alter e.V.
Marienplatz 6   Tel. (02 21) 21 50 86
50676 Köln   Fax (02 21) 24 90 10

Pro Senectute-Gesellschaft für würdiges Leben und Sterben im Alter
Beratungsstelle für ältere Menschen und ihre Angehörigen
Erlenstr. 76   Tel. (04 21) 59 12 00
28119 Bremen   Fax (04 21) 59 12 00

Wissenschaft und Forschung

Deutsche Gesellschaft für Geriatrie
c/o Geriatrisches Krankenhaus
Am Falder 6   Tel. (02 11) 7 56 00
40589 Düsseldorf   Fax (02 11) 7 56 01 09

Deutsche Gesellschaft für Gerontologie und Geriatrie
(DGGG)
Bonhoefferstr. 1   Tel. (0 62 21) 88 32 58
69123 Heidelberg   Fax (0 62 21) 88 27 20

Deutsche Gesellschaft für Gerontopsychiatrie und Psychotherapie e.V.
Kaiser-Karl-Ring 20   Tel. (02 28) 5 51 23 92
53111 Bonn   Fax (02 28) 5 51 22 62

Deutsche Gesellschaft für Altersforschung
Heinrichstr. 58   Tel. (09 11) 3 98-24 35
90439 Nürnberg   Fax (09 11) 3 98-21 17

Institut für Gerontologie der Friedrich-Alexander-Universität Erlangen-Nürnberg
Institut für Psychologie II
Schwerpunkt Gerontologie
Regensburger Str. 160   Tel. (09 11) 5 30 25 68
90478 Nürnberg   Fax (09 11) 4 01 05 84

Österreichische Alzheimer-Gesellschaft
Vereinigung zur Erforschung der Alzheimer-Krankheit und verwandter
Demenzformen
c/o Neurologisches Krankenhaus Rosenhügel
Riedelgasse 5   Tel. (2 22) 8 18 00-270
A-1130 Wien

Internationale Adressen

Betreuungsgruppe für Angehörige von Alzheimerpatienten
Univ.-Prof. Dr. G. Ladurner & Dr. E. Griebnitz
c/o Landesnervenklinik
Ignaz-Harrer-Str. 79   Tel. 0043 (6 62) 3 55 01
5020 Salzburg
Österreich

DaneAge Association
Vesterbrogade 97   Tel. 0045 (31) 23 44 11
1620 Copenhagen V   Fax 0045 (31) 25 43 00
Dänemark

EURAG-Bund für die ältere Generation Europas
Wielandstr. 7   Tel. 0043 (316) 81 46 08
8010 Graz   Fax 0043 (316) 81 47 67
Österreich

Europäischer Verband der Rentner und alten Menschen (FERPA)
Georges Debunne, Präsident der FERPA
Avenue d'Auberghem 61, Bt. 3   Tel. 0032 (2) 209 24 84/40
1040 Brüssel   Fax 0032 (2) 218 35 66
Belgien

Schweizerische Alzheimervereinigung
Generalsekretariat/Herr Oskar Diener
18, rue Pestalozzi   Tel. 0041 (24) 22 20 00
1400 Yverdon-les-Bains   Fax 0041 (24) 22 21 67
Schweiz

Sonstiges

Arbeitsgemeinschaft der Verbraucherverbände e.V. (AgV)
Heilsbachstr. 20   Tel. (02 28) 64 89-0
53123 Bonn   Fax (02 28) 64 42 58

Stiftung Warentest
Lützowplatz 11-13   Tel. (0 30) 26 31-0
10785 Berlin   Fax (0 30) 2 61 10 74

Gesellschaft für Gerontotechnik
Max-Planck-Str. 5   Tel. (0 23 71) 95 95 0
58638 Iserlohn   Fax (0 23 71) 95 95 20

Literatur

Gedächtnis- und Bewegungstraining

Deresky, L.S., Gedächtnis bis ins Alter. Das biologisch-medizinische Programm gegen Vergeßlichkeit, München 1984.

Gose, K., Levi, G., Wo sind meine Schlüssel? Gedächtnistraining in der zweiten Lebenshälfte, Reinbek 1990.

Oswald, W.D., Rödel, G., Gedächtnistraining. Ein Programm für Seniorengruppen, Göttingen 1995.

Scharll, M., Bewegungstraining mit alten Menschen. Gruppengymnastik – Spiele – Aktivpflege mit Übungen für Bettlägrige und Schlaganfallpatienten, Stuttgart 1989.

Schmidt, G., Gedächtnistraining für Senioren. Methoden und Spiele, München 1993

Wohnen im Alter

Bundesgeschäftsstelle LBS (Hrsg.), Der LBS-Führer mit Service. Schöner und besser Wohnen mit Service rund um die Uhr. Gesundheit, Essen, Versorgung, Wohnen, Kultur, Ostfildern 1997.

Bundesministerium für Familie und Senioren, Referat Öffentlichkeitsarbeit (Hrsg.), Ihre Rechte als Heimbewohner, 1993.

Bundesministerium für Familie und Senioren, Referat Öffentlichkeitsarbeit (Hrsg.), Der Rote Faden. Ein Ratgeber für ältere Menschen.

Bundesministerium für Raumordnung, Bauwesen und Städtebau (Hrsg.), Wohnungen für ältere Menschen. Hinweise zur altersgerechten Einrichtung von Wohnungen. Planung, Ausstattung, Hilfsmittel, Bonn 1992.

Köhler, A., Betreutes Wohnen in Europa, Schriftenreihe des Bundesministeriums für Familie und Senioren, Bd. 41, Stuttgart – Berlin – Köln 1994.

Kruse, A., Wahl, H.-W. (Hrsg.), Altern und Wohnen im Heim: Endstation oder Lebensort? Bern-Göttingen-Toronto 1994.

Kuratorium Deutscher Altenhilfe (Hrsg.), Betreutes Wohnen – Erfahrungen aus der Praxis, Reihe „Thema", Heft 80, Köln 1993.

Loeschcke, G., Pourat, D., Wohnungsbau für alte und behinderte Menschen, Kohlhammer 1995.

Lorenz, P. (Hrsg.), Planen und Bauen für das Alter – Wohnen im dritten Lebensabschnitt, Alexander Koch GmbH 1994.

Reichsbund der Kriegs- und Wehrdienstopfer, Behinderten, Sozialrentner und Hinterbliebenen e.V. (Hrsg.), Wohnen ohne Barrieren. Leitfaden zum Planen, Bauen, Einrichten barrierefreier Wohnungen, Bonn 1992.

Schweikart, R. u.a., Qualitätsmerkmale des Betreuten Wohnens, Stuttgart 1995.

Städtetag Baden-Württemberg u.a. (Hrsg.), Betreutes Wohnen für Senioren – Qualitätssiegel Baden-Württemberg, Karlsruhe – Stuttgart 1995.

Wirtschaftsministerium und Sozialministerium Baden-Württemberg (Hrsg.), Barrierefreie Wohnungen. Leitfaden zu den Planungsgrundlagen der DIN 18025 Teil 1 und Teil 2, Suttgart 1996.

Wirtschaftsministerium und Sozialministerium Baden-Württemberg (Hrsg.), Wohnungen für ältere Menschen – Beispiele betreuter Seniorenwohnanlagen, Stuttgart 1993.

Wüstenrot-Stiftung (Hrsg.), Selbständigkeit durch Betreutes Wohnen im Alter, Stuttgart – Zürich 1994.

Pflegeversicherung

Bundesministerium für Arbeit und Sozialordnung, Referat Öffentlichkeitsarbeit (Hrsg.), Die Pflegeversicherung, 1996.

Bundesministerium für Arbeit und Sozialordnung, Referat Öffentlichkeitsarbeit (Hrsg.), Pflegeversicherungsgesetz, 1996.

Reichsbund der Kriegs- und Wehrdienstopfer, Behinderten, Sozialrentner und Hinterbliebenen e.V. (Hrsg.), SGB (XI), Soziale Pflegeversicherung, 1996.

Verband der Kriegs- und Wehrdienstopfer, Behinderten und Sozialrentner Deutschlands (VDK) e.V. (Hrsg.), Die neue Pflegeversicherung, 1996.

Pflege

Bergmann, S., Die alten Eltern zu Hause pflegen. Fürsorge, Pflege und praktische Tips für den schweren Alltag, Stuttgart 1996.

Bundesministerium für Arbeit und Sozialordnung, Referat Öffentlichkeitsarbeit (Hrsg.), Pflege zu Hause. Ratgeber für die häusliche Pflege, 1993.

Hörlle, A., Leben mit dem ewigen Abschied. Zur Situation pflegender Angehöriger, Mainz 1996.

Kowalski, M., In guten Händen: So finden Sie den richtigen Pflegedienst – von der Babybetreuung bis zur Altenpflege: Anbieter, Leistungen, Preise, Wien 1997.

Kuratorium Deutsche Altershilfe (Hrsg.), Pflegetagebuch, Köln 1996.

Kuratorium Deutscher Altenhilfe (Hrsg.), Hilfe und Pflege im Alter. Informationen und Ratschläge für die Betreuung und Versorgung zu Hause, Köln 1994.

Vogel, A., Wodraschke, G., Hauskrankenpflege. Grundwissen und Anleitung zur qualifizierten Pflege. Ein Leitfaden für Kurse in häuslicher Pflege, Stuttgart 1994.

Alter

Greenberg, V.E., Unsere Eltern werden älter. Im Zwiespalt zwischen Anspruch und Verantwortung, Hamburg 1995.
Kuratorium Deutsche Altershilfe (Hrsg.), Rund ums Alter. Alles Wissenswerte von A bis Z, München 1996.